KB089778

그런데, 심리학이 말하기를

따뜻한 지혜, 인문 Pick! ③

그런데, 심리학이 말하기를

글 클레어 프리랜드, 제클린 토너 ㅣ **그림** 맹하나 ㅣ **옮김** 조연진

펴낸날 2023년 10월 13일 ㅣ 2024년 4월 2일 초판 2쇄
펴낸이 김주한 ㅣ **책임편집** 조연진 ㅣ **책임마케팅** 김민석 ㅣ **책임홍보** 옥정연 ㅣ **디자인** 알음알음
펴낸곳 픽 ㅣ **출판등록** 제406-251002015000039호
제조국 대한민국 ㅣ **사용연령** 8세 이상
주소 (10881) 경기도 파주시 회동길 471(문발동) 몽스패밀리Bd. 301호, 302호

ISBN 979-11-92182-76-6 44180
ISBN 979-11-92182-60-5 44080 (세트)

Peak을 향한 Pick_픽은 <잇츠북>의 교양서 브랜드입니다.

이 책의 본문은 '을유1945' 서체를 사용했습니다.

그런데, 심리학이 말하기를

알쏭달쏭 인간의 마음을
들여다보다

글 클레어 프리랜드, 제클린 토너

Claire A. B. Freeland, PhD, and Jacqueline B. Toner, PhD

그림 맹하나
옮김 조연진

차례

심리학의
세계로

1장

심리학이 무엇일까?

'왜 우리 눈은 가끔 착각해서 우리를 속일까?', '다른 사람들도 우리와 똑같이 느끼고 생각할까?', '동물에게 언어를 가르칠 수 있을까?', '왜 우리는 잠을 자야 할까?'

심리학은 이런 질문에 답을 찾는 학문이야. 보통 심리학을 '마음과 행동의 과학'이라고 해. 우리 마음속에는 감정과 생각과 어떤 행동을 하려는 이유가 있어. 하지만 '마음'의 활동은 눈에 보이지 않아. 그래서 눈에 보이는 '행동'을 봐야 해. 쓰레기를 분류하고 숙제하고 운동하고 대화하고 표정을 짓는 일이 모두 행동이야.

'우리 마음은 행동에 어떻게 영향을 미칠까?', '우리 행동은 주변 세계와 어떻게 연결될까?' 심리학자는 이런 것들에 관심이 있어.

심리학자는 무엇을 연구할까?

어떤 심리학자는 사람들이 비디오 게임을 어떻게 사용하는지를 연구해. 또, 어떤 심리학자는 사람들이 냄새에 어떻게 반응하는지를 연구하지. 어떤 심리학자는 장난감 디자이너와 협업해서 아이들이 좋아할 만한 장난감을 만들고, 어떤 심리학자는 사람이 다른 동물이나 자연과 어떻게 연결되는지를 연구해. 어린 시절에 받은 교육이 노화하면서 뇌에 생기는 문제와 관련이 있는지를 연구하는 심리학자도 있어.

그래, 심리학자는 호기심이 많은 사람들이야! 우리의 마음과 행동은 때로는 놀랍기도 하고, 때로는 혼란스럽거나 어리석어 보여. 그래서 심리학자들은 이를 이해하려고 다양한 질문을 던졌어. 그 질문들이 심리학자들을 여러 방향으로 이끌었지.

'우리는 정보를 어떻게 받아들이고 이해할까? 학습은 언제 어떻게 이루어질까? 사람들 사이의 상호 작용은 어떻게 이루어질까?' 이런 것도 심리학의 연구 주제가 될 수 있을까? 물론이야! 심리학자의 연구 목록은 끝이 없어. 지금도 계속해서 더해지고 있어.

심리학자는 무엇을 연구할까?

뇌

학습

기억

행동

감각

건강

환경

인간관계

생각

감정

발달

업무 현장

아래 질문 중 네 가지는 실제 심리학자들의 연구 주제이지만, 하나는 그렇지 않아. 그 하나가 무엇인지 찾아보자.

1. 사람들이 환경을 보호하도록 설득하는 가장 좋은 방법은 무엇일까?
2. 누군가의 얼굴을 보고 거짓말을 하고 있는지 알 수 있을까?
3. 사람들이 가장 안전하다고 느끼는 색상은 무엇일까?
4. 우주는 얼마나 빨리 팽창하고 있을까?
5. 길을 걷다가 고릴라 복장을 한 사람을 알아볼 수 있을까?

심리학자는 사람의 마음이나 행동과 관련이 없는 주제는 다루지 않아. 우주의 팽창 속도는 심리학자가 아니라 수학자나 물리학자, 우주 과학자 등에게 맞는 주제야.

심리학자는 어떻게 답을 찾을까?

만약 어떤 심리학자가 환경을 위하여 행동을 바꾸도록 사람들을 설득하려면 어떻게 해야 할지 연구하고 있다고 쳐 보자.

- 사람들에게 재활용의 중요성을 적은 이메일을 보낸다.
- 각 가정에 천으로 만든 장바구니를 제공한다.
- 지역 박람회에 부스를 설치하여 가정에서 에너지를 절약할 수 있는 정보를 제공한다.

이런 방법들이 있어. 모두 좋은 생각 같아 보이지만, 중요한 건 실제로 효과가 있느냐야. '실험 심리학자'는 사람들이 효과가 있을 거라고 여긴 것이 정말로 효과가 있는지 확인하기 위해 과학적 방법으로 증거를 수집해.

우리는 모두 어떤 사물이나 현상에 대해 각자 다른 생각이나 의견을 가지고 있어. 혹시 음악을 들으면 공부가 더 잘된다고 생각하니? 하지만 심리학자는 그냥 생각만 하지 않고, 조용히 공부한 아이들과 음악을 들으며 공부한 아이들이 어떤 점에서 차이를 보이는지 데이터를 수집해. 더 나아가 음악에 가사가 있느냐에 따라 어떤 차이가 있는지도 확인하려할 거야. 이처럼 그냥 의견과 과학이 다른 점은 '근거가 있느냐 없느냐'야.

심리학자는 발견한 사실을 어떻게 이용할까?

심리학자들은 흥미로운 연구 자체도 좋아하지만, 그보다 더 좋아하는 건 연구로 얻은 정보가 문제를 해결하거나 사람들의 삶을 더 좋게 만드는 데에 사용되는 거야. 심리학 실험이나 연구 조사에서 얻은 정보를 사용하여 여러 문제를 해결하려는 심리학의 한 분야를 '응용 심리학'이라고 해. 심리학은 우리 삶과 사회를 개선하는 다양한 방법을 알려 줄 수 있어. 몇 가지를 살펴볼게.

- 심리학자는 직원의 생산성과 만족도를 높이는 방법을 찾기 위해 기업과 상담한다.
- 심리학 연구에 따르면 사람들은 자신이 본 것을 생각보다 잘 기억

하지 못한다. 이러한 연구 결과로 인해 범죄를 목격한 사람의 증언을 다시 평가하게 되었다.

○ 심리학자는 나쁜 습관을 바꾸기 위한 방법을 찾으려고 건강과 관련된 행동에 대한 연구를 한다.

○ 심리학자는 컴퓨터나 스마트폰 등의 화면에 노출되는 시간이 학습과 두뇌 발달에 어떤 영향을 미치는지 연구하여, 그 결과를 바탕으로 어린아이의 화면 노출 시간을 엄격히 제한하라고 조언한다.

회사, 정부 기관, 대학, 스포츠 팀, 병원 등 우리 사회 곳곳에서 심리학을 활용하고 있어. 아마 우리도 매일 심리학자의 연구로부터 다양한 혜택을 받고 있을 거야. 심리학자들이 어떻게 일하는지, 그들이 무엇을 알고 있는지, 심리학 연구가 어떻게 우리 삶을 개선하는지 이제부터 좀 더 자세히 알아보자.

✔ 정리해 보자

✔ 심리학은 마음과 행동의 과학이다.
✔ 심리학자는 다양한 주제로 연구하며, 다양한 곳에서 일한다.
✔ 실험 심리학자는 질문에 대한 답을 찾기 위하여 과학적인 근거를 모은다.
✔ 심리학 실험과 연구 결과는 사람들과 우리 사회가 긍정적인 변화를 하도록 돕는다. 이것을 '응용 심리학'이라고 한다.

2장

근거는
어디에 있을까?

심리학자는 물리학자나 천문학자처럼 레이저나 망원경을 사용하지 않아. 하지만 심리학에서도 주어진 질문에 대한 답과 근거를 찾으려면 물리학이나 천문학과 동일한 규칙을 따라야 해. 심리학자도 관찰을 하고, 가설을 세우고, 실험을 하여, 데이터를 수집하고, 이론을 발전시키는 과정을 거치면서 연구를 진행하지.

심리학 실험에 대해 더 알아보고 나만의 심리학 실험을 설계해 보자.

심리학 실험은 어떻게 이루어질까?

심리학자는 다음과 같은 과학적 방법을 사용해.

1. 관찰을 한다.
2. 질문의 범위를 좁힌다.
3. 가설을 세운다.
4. 실험을 설계하고 데이터를 수집한다.
5. 실험 결과가 가설을 뒷받침하는지 판단한다.

예를 하나 들어 볼게. 한 심리학자가 놀이터를 개선하는 방법을 찾아 달라는 요청을 받았어. 심리학자는 다음과 같은 방법을 사용할 거야.

1. 먼저 놀이 기구별로 살펴보며 놀이터를 관찰한다. 그러다가 그네를 타려고 아이들이 줄을 서 있는 것을 발견하게 되었다.
2. 질문의 범위를 좁힌다. ⇨ '그네가 더 필요할까?'

3. 가설을 세운다. ⇨ '그네가 충분하지 않다.'

4. 방법을 정하고 데이터를 수집한다. 아이들이 그네를 타기 위해 얼마나 오래 기다리는지, 그네를 타기 시작하면 얼마나 오래 머무는지 확인한다.

5. 만약 아이들이 그네를 오래 타는 편이고, 그네를 타지 못한 아이가 많다면 가설이 옳다는 것을 알 수 있다. 하지만 실제로 오래 기다리는 아이가 거의 없다면 가설은 옳지 않다.

이 연구를 통해 아이들이 놀이터에서 그네를 어떻게 사용하는지 알게 되었다면, 그다음에는 대기하는 줄의 길이에 따라 아이들이 어떻게 반응하는지 알아볼 수 있어. 3개의 그네에 각각 3명, 5명, 7명이 줄을 서라고 한 뒤에, 혹시 줄이 짧은 경우에만 계속 서 있는 건 아닌지 확인하는 거야. 놀이 기구를 어떻게 사용하는지는 심리학 연구를 활용하는 좋은 예시야.

놀이터를 개선하기 위한 또 다른 방법이 있을까? 아이들이 놀이터에 대해 어떻게 느끼는지 알아보면 좋을 것 같아. 놀이터에서 가장 좋아하는 게 무엇인지, 주로 무엇을 하고 노는지, 놀이터에 대한 아이디어가 있는지 조사하는 거야. 면접이나 질문지를 이용하는 조사는 사람들이 생각하고 느끼는 바를 알 수 있는 좋은 방법이 될 수 있어. 이때 모든 아이에게 똑같이 물어봐야 하고, 아이들 수가 너무 많다면 다양한 성별과 나이대의 아이들을 뽑아서 샘플(표본)을 구성해야 해. 그래야 아이들 전부에게 물어보았을 때와 비슷한 결과를 얻을 수 있지.

성적이 먼저냐, 유튜브가 먼저냐

어떤 현상의 원인을 제대로 알아내려면 신중한 실험이 필요해. 유튜브(YouTube) 동영상을 많이 보는 아이들의 학교 성적이 좋지 않다는 사실을 알게 되었다고 생각해 보자. 유튜브를 시청하면 성적이 떨어지는 걸까? 꼭 그렇다고 할 수는 없어. 원래 성적이 좋지 않았던 아이들이 유튜브를 많이 볼 수도 있고, 애초에 성적과 유튜브 시청은 아무 관련이 없을 수도 있어. 다른 원인으로 성적이 떨어지고 나서 유튜브를 많이 시청한 걸 수도 있으니까 말이야.

이처럼 두 가지가 함께 발생하는 경향이 있을 때 이를 '상관관계'라고 해. 앞의 예시처럼 두 가지 일이 함께 진행되면 어느 하나가 다른 하나로 이어진다고 생각하기 쉬워. 하지만 그건 그저 우연이거나, 원인과 결과가 뒤바뀌었거나, 둘의 원인이 서로 완전히 다른 걸 수도 있어. 이와 달리 하나의 원인이 다른 것을 유발할 때 '인과관계'라고 하는데, 정말 인과관계인지 알아보려면 세심하고 복잡한 연구와 실험이 필요해.

이 경우에 심리학자는 어떤 행동을 하는(예: 한 달 동안 유튜브를 시청하지 못한다.) 아이들을 샘플 그룹(실험 집단)으로 삼고, 그렇게 하지 않는(예: 유튜브 시청 시간에 제한을 두지 않는다.) 그룹(통제 집단)과 비교해 볼 수 있어. 나중에 차이(성적)가 있는지 확인하는 거야. 아니면 한 달 동안 유튜브를 시청하지 않은 아이들을 대상으로, 그다음 달에는 시청에 제한을 두지 않아서 처음 결과와 비교할 수도 있어. 조건을 달리하는 두 그룹을 사용하는 실험은 어떤 행동을 설명할 때 그 범위를 좁힐 수 있게 해 줘. 범위가 좁아질수록 원인이 무엇인지 더 분명하게 알 수 있어.

여러 번, 오랜 시간에 걸쳐

연구자가 매우 신중하더라도 결과에 영향을 줄 수 있는 모든 요소를 예측할 수는 없어. 특히 샘플에 어떤 편향이 있다면 연구 결과에 오해의 소지가 생기기 쉬워. 보통은 샘플에 속한 사람(또는 동물)의 수가 너무 적으면 결과가 사실일 가능성이 적어. 샘플에 한 그룹의 사람들만 포함된 경우에도 그 연구 결과가 다른 그룹에는 적용되지 않을 수 있어.

같은 실험을 여러 번 반복했을 때 계속해서 비슷한 결과를 얻지 못한다면, 예상치 않은 어떤 요인이 실험 결과에 영향을 미쳤다고 봐야 해. 대부분의 연구는 연구 시간 동안에 일어나는 일에만 초점을 맞추지만, 연구 주제에 대한 진짜 답을 얻으려면 몇 달, 몇 년 또는 수십 년에 걸쳐 실험에 참가한 사람들을 추적하는 '종단 연구'가 필요해.

또한, 연구나 실험이 잘 설계되고 실행되어 얻은 결과라 할지라도 그 결과를 해석하는 데에는 한계가 있어. 완벽할 수 없다는 뜻이야. 나중에 시간이 흘러 그 연구 결과에 대해 또 다른 설명이 나올 수도 있으니까.

이런 연구!

심리학자 월터 미셸과 동료들은 1960~70년대에 '마시멜로 테스트'라는 유명한 실험을 했어. 아직 학교에 들어가지 않은 어린이를 한 번에 한 명씩 마시멜로가 있는 탁자에 두고는, 잠시 자리를 비우겠다고 말하면서 마시멜로를 먹지 않고 기다리면 나중에 2개를 주겠다고 했어. 몇몇은 그냥 마시멜로를 먹었지만, 어떤 아이들을 먹지 않으려고 애썼어. 마시멜로를 보

지 않으려고 눈을 가리기도 했대. 그런 노력 끝에 마시멜로를 먹지 않은 아이들은 더 큰 보상을 얻었어.

연구자들은 수년 뒤에 이 아이들의 삶이 어떻게 되었는지 살펴보았어. 더 큰 보상을 기다릴 수 있었던 아이들은 성공적인 학교생활을 하며 더 건강하고, 심지어 머리도 더 좋았어. 정말 놀라운 발견이지만, 단지 보상을 기다릴 수 있는지 여부가 성인이 되었을 때 성공적인 삶을 살 수 있는지를 증명하는 걸까?

최근에 다른 팀이 같은 연구를 시도하면서 이번에는 더 많은 아이들을 대상으로 했어. 부모님이 얼마나 부자인지, 얼마나 교육을 받았는지 등등 다양한 배경의 아이들을 포함시켰어. 그 결과, 예전과는 다른 결론을 내리게 되었어. 인생의 성공은 아이가 더 큰 보상을 기다릴 수 있는지보다는 가정 환경과 더 크게 관련이 있는 것으로 드러났어. 어린이의 자제력에 관한 월터 미쉘의 연구는 지금도 유용하지만, 이제는 가족이 무엇보다도 아이의 발달에 큰 영향을 미친다는 것을 알게 되었지.

특별한 연구 대상

일란성 쌍둥이는 흥미로운 연구 대상이야. 부모로부터 같은 유전자를 물려받았거든. 그래서 서로 다른 행동, 감정, 생각을 보인다면 그건 아마도 살면서 다른 경험을 해서일 거야. 반면, 아주 어릴 때 다른 가정에 입양된 일란성 쌍둥이가 비슷한 취향이나 행동을 가진 경우도 있었어. 심리학자들은 일란성 쌍둥이를 대상으로 타고난 천성이 더 중요한가, 자란 환경이나 경험이 더 중요한가를 연구했어. 이걸 '천성 대 양육' 논쟁이라고 해.

윤리적인 실험

초기 심리학 연구 가운데 일부는 실험에 참가한 사람이나 동물에게 피해를 입혔어. 이러한 연구가 중요한 발견으로 이어졌더라도 오늘날의 심리학자들은 이에 반대하고, 되도록이면 윤리적인 실험을 하려고 노력하고 있어. 심리학 실험을 할 때는 참가자에게 실험에 대한 동의를 꼭 얻고, 만약 실험 과정에서 다치거나 불쾌한 경험을 했다면 즉시 도움을 받게 해야 해. 동물도 마찬가지로 매우 세심하게 다루어야 하지.

√ 정리해 보자

- √ 심리학도 다른 과학처럼 과학적 방법을 사용한다. 실험 심리학자는 질문에 대한 가설이나 최선의 추측을 한 다음, 신중하게 데이터를 수집한다.
- √ 심리학자는 연구 참가자가 자신이 예측한 대로 행동하는지 관찰하거나 조사를 통하여 참가자들의 생각과 느낌을 물어볼 수 있다.
- √ 상관관계를 발견했다고 해서 하나가 다른 하나를 발생시켰다고 단정 지어 말할 수 없다. 인과관계를 밝히려면 실험 집단과 통제 집단을 비교해야 한다.
- √ 각 심리학 연구는 인간의 마음과 행동을 이해하는 아주 큰 퍼즐의 한 조각이다.
- √ 초기 심리학 연구 가운데 일부는 참가자에게 피해를 주었기 때문에 오늘날에는 같은 방식으로 진행할 수 없다. 오늘날의 심리학자들은 윤리적으로 연구를 하기 위해 주의를 기울인다.

몸과 마음은
함께한다

양말 신기가
초능력이라고?

무척 간단해 보이는 '양말 신기'는 실은 매우 복잡한 방법으로 몸과 마음이 함께한 결과야. 양말을 신으려면 양말을 찾고, 발이 어디에 있는지 느껴야 해. 그런 다음 발과 손이 함께 움직여야 하지. 이것은 초능력까지는 아니지만, 분명 다른 동물에게는 없는 놀라운 기술이야!

우리가 매일 하는 일 대부분은 감각 정보를 결합하고 구성하는 데에 달려 있어. 감각은 우리를 둘러싼 세계에서 정보를 수집해. 그런데 그 정보는 우리가 과거에 어떤 경험을 했고 어떤 기대를 하고 있는지에 따라 달리 해석돼. 심리학자들은 사람들이 어떤 해석을 하고 어떻게 그런 해석을 하게 되는지에 관심이 있어.

뇌는 헷갈리면 사물을 만든다

인간의 뇌는 정리되고 완전한 것을 좋아해. 너무 좋아한 나머지 깔끔하게 전체를 구성하기 위해서라면 어떤 정보든 사용할 거야.

우리는 '눈'으로 본다고 생각하지만, 사실 눈은 보는 일의 일부만 수행해. 눈에서 수집된 정보는 뇌로 이동하거든. 뇌는 그 정보를 이해하기 위해 과거의 경험을 사용하는데, 가끔은 뇌가 인식하는 내용이 정확하지 않아. 아래 그림을 보자. 가운데에 무엇이 있니? 보통 '별'이라고 대답하겠지만, 잠시 멈췄다가 다시 한번 보자. 그 별의 모서리는 5개일까, 10개일까? 가운데에 별이 있는 게 맞을까? 아니면 한쪽을 잘라 낸 동그라미 5개가 있는 걸까?

별이 실제로 존재하지 않는데도 사람들이 별을 보는 이유가 무엇일까? 눈은 별을 감지하지 못하지만, 뇌는 우리가 쉽게 이해할 수 있는 방식으로 눈의 정보를 해석하려고 하기 때문이야.

익숙한 것에 맞춘다

구름을 보며 익숙한 물체를 떠올린 적이 있니? 보도블록의 갈라진 틈을 보며 어떤 모양을 떠올린 적은? 만약 그렇다면 그건 우리 뇌가 눈이 본 것을 받아들여서 이전에 본 적이 있는 패턴에 맞춰 이해하려고 해서야. 뇌는 단지 시각적인 패턴만 찾지는 않아. 13일의 금요일에는 운이 나쁘다는 말을 들어 보았니? 이러한 미신은 뇌가 실제로는 연관성이 없는 서로 다른 것들을 함께 묶으려고 하는 경향에서 생기는 경우가 많아.

경험은 우리의 인식에 영향을 미친다

눈속임 퍼즐은 뇌를 혼란스럽게 해. 우리가 세상이 작동하는 방식에 대해 배운 규칙을 따르지 않거든. 이 코끼리는 다리가 하나 더 있지만 대부분의 사람들은 그 사실을 바로 알아차리지 못해. 코끼리가 4개의 다리를 가지고 있다는 지식에 의존하기 때문이야. 우리 뇌가 이전의 경험을 바탕으로 추측한 결과, 그림 속 코끼리 다리가 5개라는 사실을 놓치기가 쉽지.

서로 다른 경험을 가진 다른 문화권의 사람들은 세상을 인식하는 방식에서도 차이를 보여. 윌리엄 허드슨이라는 연구원이 아래와 같은 그림을 아프리카 여러 지역의 사람들에게 보여 주었을 때 많은 사람이 '한 남자가 작은 코끼리를 사냥하고 있다'고 설명했어. 우리에게는 어떻게 보일까? 코끼리가 멀리 떨어져 있다고 생각하지 않았니? 우리는 원근법을 배웠어. 그래서 평평한 그림을 볼 때 사물이 더 작고 더 높이 있다면 그것이 더 멀리 있음을 보여 준다고 알고 있어. 이런 방식으로 거리감을 전달하는 원근법에 익숙하지 않은 사람들은 우리와 다른 대답을 할 수밖에 없어.

촉감은 중요하다

초기 심리학자들은 엄마가 아기에게 젖을 먹이기 때문에 아기가 엄마를 신뢰하고 엄마에게 매달리는 법을 배운다고 생각했어. 하지만 심리학자 해리 할로는 그보다는 엄마의 손길이 더 중요하다고 여겼어.

할로는 아기 원숭이들을 어미에게서 떼어 낸 뒤에 두 종류의 '가짜 어미 원숭이'와 함께하게 했어. 하나는 딱딱한 철사로 만들어졌고, 다른 하나는 천으로 만든 인형처럼 부드럽고 포근했지. 그런 다음, 아기 원숭이 한 무리는 부드러운 어미 쪽에 젖병을 두었고, 다른 무리는 철사 어미 쪽에 젖병을 두었어.

만약 아기가 엄마를 사랑하는 법을 배우는 중요한 방법이 먹이라면 두 그룹 모두 젖병을 들고 있는 어미 원숭이와 시간을 보내고 싶어 해야 해. 하지만 놀랍게도 모든 아기 원숭이가 포근하고 부드러운 어미 원숭이와 함께 있는 것을 좋아했어. 놀라거나 두려울 때 안전하다고 느끼려고 달려 간 곳도 모두 포근한 어미 쪽이었어. 아마 아기는 부드러운 느낌 자체를 엄마가 자신을 돌보고 보호할 것이라는 표시로 인식하는 것 같아.

귀는 많은 일을 한다

청각은 또 다른 중요한 감각이야. 우리의 놀라운 귀는 공기 중의 진동을 수집하여 그 강도를 증폭시키는 막으로 보내는데, 이때 진동이 작은 털들로 옮겨져서 신경을 자극해. 신경이 진동에 대한 메시지를 뇌로 보내면 뇌는 이를 소리로 해석하지. 헤드폰을 통해 서로 다른 정보가 양쪽 귀에 각각 전달되어도, 영리한 뇌는 두 정보를 종합하거나 어느 한쪽만 듣도록 선택할 수 있어.

귀로부터 오는 감각은 청각 말고 또 있어. 귀 깊숙이에는 액체로 된 관이 있어. 이것이 중력과 함께 작동하여 뇌가 공간에서 몸의 위치를 잡을 수 있게 도와줘. 다시 말해 균형을 잡게 해 주는 거야. 관 속의 털이 액체가 어떻게 움직이는지 뇌에 정보를 제공한 덕분에 뇌가 우리 몸이 바르게 서 있는지, 거꾸로 있는지, 또는 빙글빙글 돌고 있는지 인지할 수 있어.

감각은 때로 함께 작용한다

우리 뇌는 세상을 이해하기 위해서 여러 감각을 다양한 방식으로 결합할 수 있어. 그중에서 특히 미각과 후각은 밀접해. 감기에 걸렸을 때 맛이 잘 느껴지지 않는 게 바로 이런 이유에서야. 질병으로 후각이 둔해지면 먹을 때 이상한 맛을 느끼거나 아예 맛을 못 느끼는 경우도 있지.

이렇게 한번!

껍질을 벗긴 생감자와 사과를 준비해서 크기와 모양이 같은 여러 조각으로 잘라 보자. 참가자의 눈을 가리고 코를 막은 뒤에 맛을 보게 하고는 감자인지 사과인지 맞춰 보라고 하자. 여기에 양파도 추가할 수 있는데, 양파는 감자나 사과와 비슷한 맛이 나지만 질감이 둘과 달라서 아마 맞추기가 쉬울 거야.

시각은 다른 감각에 영향을 미칠 수 있어. 질퍽해 '보이는' 것은 좋은 느낌을 주지 않아. 또, 꽃이 예쁘면 좋은 냄새가 날 것이라고 기대하게 돼. 하지만 의외로 고약한 냄새가 나면 더 나쁜 느낌이 들어. 감각이 무언가를 이해하려고 함께 애쓰다 보면 이처럼 오히려 속거나 혼란에 빠지기도 해.

한편, 극소수의 사람들은 놀라운 감각적 경험을 하는데, 이를 '공감각'이라고 불러. 하나의 감각이 자극될 때 다른 감각이 함께 촉발되는 거야. 예를 들어 공감각이 있는 사람은 소리나 단어를 들을 때 색깔로 인지하거나 숫자를 공간의 특정 위치와 연관시킬 수 있어.

√ 정리해 보자

- √ 우리에게는 시각, 청각, 미각, 후각, 촉각의 오감이 있다.
- √ 감각은 세상의 정보를 받아들이고 외부에 있는 것에 대해 뇌와 소통하며, 뇌는 이 정보를 해석한다. 이것을 '지각'이라고 한다.
- √ 뇌는 우리의 경험과 패턴에 잘 들어맞는지를 기반으로 세상에 대한 특정한 기대를 가진다. 세상이 그러한 기대에 맞지 않을 때, 우리 뇌는 속을 수도 있다.
- √ 귀는 청각 외에도 공간에서의 위치를 파악하는 데에 도움이 된다.
- √ 여러 감각이 함께 작용하여 맛을 인지한다.

뇌는 어떻게 움직일까?

4장

마음의 과학은 뇌에서 시작해. 뇌는 신체에서 가장 놀라운 기관이야! 성인이 될 때까지 약 1.4킬로그램에 불과한 이 물렁물렁하고 주름진 덩어리가 너의 몸을 움직이게 하고 너를 '너'라는 사람으로 만든다고 생각해 봐.

심리학자들은 뇌가 어떻게 발달하고 생각, 감정, 성격, 기억, 언어, 행동 등을 조절하는지에 관심이 있어. 뇌는 어떻게 메시지를 보내고 피드백을 받을까? 뇌의 여러 부분은 각기 무슨 일을 할까?

뇌는 여러 부분으로 나뉜다

우리는 뇌를 여러 방식으로 나누어 볼 수 있어. 일단 뇌는 좌반구와 우반구로 나뉘어. 더 세밀하게 살펴보자면, 대뇌 피질은 뇌에서 가장 넓은 부분을 차지하고 있어. 지각, 언어, 말하기, 학습, 움직임의 제어 등을 담당하지. 그 아래에는 소뇌가 있어. 소뇌는 우리를 똑바로 세우고 균형을 유지하도록 도와주는 역할을 해. 더 깊은 곳의 뇌간은 뇌의 다른 부분과 척수의 신경을 연결하여 호흡, 움직임, 심박수, 수면 주기 등을 제어하기 위한 메시지를 보낼 수 있어.

뇌를 넓게 둘러싸고 있어서 겉에서 볼 때 뇌의 거의 대부분을 차지하는 것처럼 보이는 대뇌 피질은 다시 전두엽, 측두엽, 두정엽 및 후두엽으로 나눌 수 있는데, 이에 대해서는 뒤에서 다시 이야기할게.

뇌는 변한다

뇌와 관련된 연구에서 가장 흥미로운 발견은 뇌가 변화할 수 있다는 거야. 이를 '신경가소성'이라고 하는데, 이를 이해하려면 먼저 신경계에 대해 알아야 해. 신경계는 뇌에서 몸 전체로, 몸 전체에서 뇌로 메시지를 보내는 세포망이야. 이 세포망은 호흡에서 걷기, 생각과 느낌에 이르기까지 우리가 하는 모든 것을 통제하는 정보 고속도로라고 볼 수 있어.

메시지는 '뉴런'이라는 신경 세포를 통해 발송돼. 뉴런은 뇌 화학 물질의 도움을 받아 서로 신호를 보내는데. 최근의 연구에 따르면 신경계 활동에 변화가 생길 때 정보 고속도로의 경로가 변할 수도 있다는 거야. 심리학자들이 여기에 관심을 갖는 이유는, 행동이 변하면 뇌도 바뀔 수 있다고 여기기 때문이지.

심리학자나 다른 과학자들은 뇌와 행동의 관계를 보여 주기 위해 뇌를 측정해. 보통 누워서 뇌의 활동을 기록하는 기계를 통과하면 컴퓨터가 데이터를 분석하여 뇌를 깊숙이 들여다볼 수 있도록 해 줘. 살아 있는 뇌를 보여 주다니, 정말 놀라운 기술이야.

두뇌 영상 기술의 종류

- **컴퓨터 단층 촬영**(CT): 특별한 엑스선을 사용하여 여러 각도에서 촬영한 영상을 컴퓨터가 모은다. 마치 빵 덩어리를 얇게 자른 조각처럼 보인다.
- **양전자 방사 단층 촬영**(PET): 뇌에서 활성화된 부분에 흡수되는 특수 염료를 사용한다. 컴퓨터가 염료가 흡수되는 위치를 보여 주어 뇌의 어떤 부분이 어떤 상황에서 활발히 움직이는지 알 수 있다.
- **자기 공명 영상**(MRI): 강력한 자석과 전파와 컴퓨터를 사용하여 뇌

의 세부적인 영상을 만든다.

- **기능성 자기 공명 영상(fMRI)**: 뇌의 특정 영역에서 일어나는 혈류 변화를 감지하여 뇌의 어떤 영역이 어떤 행동에 관여하는지 보여 준다.

이런 연구!

한 연구팀은 수학 학습에 어려움을 겪고 있는 어린이와 그렇지 않은 어린이로 그룹을 나눈 뒤에 그들이 수학 학습을 하는 동안 fMRI로 뇌를 촬영했어. 그러자 두 그룹 사이에서 차이가 발견되었어. 하지만 8주 동안 수학 과외를 따로 받게 한 뒤에 다시 촬영을 했더니 놀랍게도 실제로 뇌에 변화가 있었어. 두 그룹의 뇌 활동이 비슷해진 거야. 이게 바로 신경가소성이야! 공부를 하면 할수록 더 잘하게 된다는 사실을 뇌 측정 기술을 통해 실제 뇌의 변화로 확인할 수 있었어.

두 반구의 미스터리

뇌의 바깥 부분인 대뇌 피질은 사람을 다른 종과 다르게 만들어 주는 특징이야. 몇몇 동물은 인간보다 더 큰 뇌를 가지고 있지만, 인간은 생각, 계획, 추론, 언어 및 판단이 일어나는 가장 크고 복잡한 대뇌 피질을 가지고 있어. 대뇌 피질은 두 반구로 나뉘는데, 두 반구는 서로 통신할 수 있도록 신경 세포로 연결되어 있어. 왼쪽 반구는 언어와 말을 담당하고, 오른쪽 반구는 공간 및 패턴 인식이 전문이야. 하지만 사람은 좌뇌형도 우뇌형도 아니야. 뇌는 전체가 함께 작동하며 뇌의 왼쪽은 몸의 오른쪽과, 오른쪽은 왼쪽과 소통해.

대부분의 사람들은 오른손잡이야. 즉, 뇌 왼쪽의 신경 경로가 오른손을 사용하기에 더 강하다는 뜻이야. 하지만 놀랍게도 대부분의 왼손잡이 또한 뇌의 왼쪽에서 오는 강한 신경 경로를 가지고 있어. 그리고 선호하는 발, 귀, 눈은 선호하는 손과 같지 않아. 과학자들은 아직 두 반구의 작업에 대해서 완전히 이해하지 못해. 여전히 풀리지 않은 미스터리야!

이렇게 한번!

어느 쪽 손을 선호하는지는 이름을 써 보라고 하면 쉽게 찾을 수 있어. 선호하는 발은 바닥에 동전을 놓고 밟으라고 하거나 계단을 걸을 때 어떤 발로 시작하는지, 공을 차는 데에 어떤 발을 사용하는지로 확인할 수 있어. 선호하는 눈을 알아보려면 돌돌 말린 종이를 들여다보게 하면 돼. 자동적으로 갖다 대는 눈이 있을 거야. '할 말이 있어. 귀 좀 대 봐.'라고 한 뒤에 어느 쪽 귀를 대는지를 보면 선호하는 귀를 확인할 수 있지. 주변 사람 가운데 오른손잡이이지만 왼쪽 눈이나 귀, 발을 선호하는 사람이 있는지 한번 찾아보자. 모두 왼쪽을 선호하는 사람도 있었니? 그리고 얼마간 덜 선호하는 쪽의 손, 발, 눈, 귀를 사용해 보자. 얼마나 큰 차이가 생길까?

뇌의 여러 부분이 하는 일

이제 대뇌 피질을 이루는 부분들을 더 살펴볼게. 전두엽은 사고, 주의 집중, 문제 해결, 계획 및 판단을 담당하는 본부야. 전두엽 뒤쪽에는 운동 피질이 있는데, 팔과 다리를 움직이는 등 수의적(나의 의지에 의한) 움직임을 제어해. 전두엽 뒤에 있는 두정엽은 감각에 대한 정보를 종합하는 일과 자신이 어디에 있는지 위치를 파악하는 일을 돕고 있어. 우리가 음식을 한입 깨물면 두정엽이 맛, 냄새, 끈적임, 온도 등을 확인해. 뇌의 뒤쪽에 위치한 후두엽은 주로 시각 정보를 처리하고, 마지막으로 측두엽은 언어, 청각, 기억 및 감정과 관련된 일을 해. 음악을 들을 때면 측두엽이 뛰고 있을 거야!

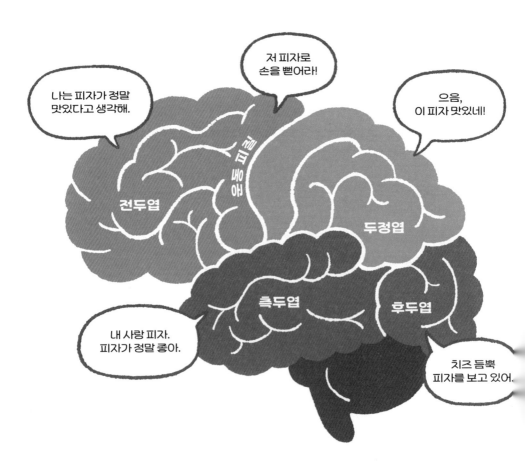

측두엽 아래에 위치한 변연계는 감정과 관련이 있어. 변연계에서 중요한 역할을 담당하는 편도체는 특히 분노, 두려움, 사회적 상호 작용과 관련이 있어. 편도체가 하는 일 중 하나는 누군가가 너무 가까이 서 있을 때 위험하다는 메시지를 보내는 거야. 그래서 드물지만 편도체가 손상된 사람을 관찰해 보면, 그 사람은 다른 사람이 코가 거의 닿을 정도로 가까이 다가가 사적인 공간을 침범해도 불편해하지 않아.

뉴런과 호르몬은 파트너

뉴런은 뇌 화학 물질의 도움을 받아 서로 신호를 보내고, 뇌 또한 호르몬에 의존하여 메시지를 보내. 호르몬은 분비선(분비샘)에서 분비선으로 혈류를 통해 이동하는 화학적인 메신저야. 가장 중요한 분비선 중 하나인 뇌하수체는 고작 완두콩만 한 크기지만 아주 중요한 역할을 맡고 있어. 보통 뇌 변연계의 일부인 시상하부가 뇌하수체에 호르몬을 방출하도록 지시를 내리고, 뇌하수체와 함께 성장, 수면, 체온을 비롯하여 기타 중요한 기능의 조절을 돕고 있어. 일부 호르몬이 너무 많거나 적으면 기분에도 영향을 미치게 돼.

포옹을 할 때 분비되는 옥시토신 호르몬은

사람들이 서로에 대해 좋게 느끼게 하고, 상처가 치유되도록 도와주는 일을 해. 무엇보다 옥시토신은 우리를 기분 좋게 해 줘! 가끔 포옹이 필요하다고 느끼는 것도 당연한 일이야.

뇌의 건강과 안전

뇌를 건강하게 유지하는 일은 매우 중요해. 잘 자고 건강하게 먹고 적절하게 운동하면 우리 몸 전체에 좋을 뿐 아니라, 뇌에도 좋은 영향을 미쳐. 특히 연구를 통해 운동이 뇌의 특정 부분을 개선하고 뉴런이 연결을 잘 하도록 돕는다는 사실이 밝혀졌어. 운동은 뇌를 튼튼하게 만들기 때문에 꾸준히 운동하면 학교생활이나 학습을 더 잘 해낼 수 있어.

그런데 운동할 때 뇌가 안전한지도 중요한 문제야. 축구나 아이스하키처럼 선수들끼리 자주 부딪히는 스포츠를 한다면 더욱 그래. 스포츠에서뿐 아니라 일상생활에서도 자전거나 스케이트보드 등을 타다가 머리를 다칠 수 있으니 주의해야 해. 머리를 세게 부딪치면 뇌진탕을 일으킬 수 있거든.

뇌진탕은 머리에 충격이 가해져 뇌가 앞뒤로 움직이거나 튕기거나 뒤틀리는 외상을 입는 거야. 이때 기절할 수도 있으며 증상으로는 어지러움, 혼미한 느낌, 두통 등이 있어. 경미한 뇌진탕이더라도 꼭 휴식을 취해야 해. 하지만 뇌진탕이 얼마나 큰 손상을 일으킬 수 있는지 정확히 아는 사람은 아무도 없어. 또한 뇌진탕을 겪은 뒤에 너무 많이 쉬면 오히려 회복에 방해가 되는 경우도 있어.

이런 연구!

소아과 의사 대니 토머스는 심리학자 및 기타 전문가들과 팀을 이루어 머리 부상을 입고 뇌진탕 진단을 받은 어린이와 청소년, 그리고 젊은 연령대의 성인을 대상으로 연구했어. 이들에게 신체적 증상(두통 및 현기증)에 대해 질문하고 균형 감각과 사고력을 테스트했지. 참가자들은 임의로 두 그룹으로 나뉘어서 한쪽은 5일 동안 학교나 직장에 나가지 않고 아무런 신체 활동도 하지 않는 엄격한 관리를 받았고, 다른 한쪽은 하루 이틀만 느슨하게 휴식하게 했어. 연구자들은 느슨하게 관리를 받은 그룹이 엄격한 휴식을 취한 그룹보다 더 나은 결과를 얻었다는 사실에 놀랐어. 이 연구는 경미한 머리 손상의 경우, 약간의 휴식을 취하고 점차 신체 활동으로 복귀하는 것으로 충분하다고 결론지었어. 또한 기분 좋은 상태로 빠르게 걷기는 실제로 회복에 도움이 되는 게 분명해.

√ 정리해 보자

- √ 신경가소성은 뇌가 경험을 통해 이익을 얻도록 한다.
- √ 살아 있는 뇌의 구조와 활동을 측정하는 방법은 다양하다.
- √ 좌뇌는 몸의 오른편을 관장하고 우뇌는 몸의 왼편을 관장한다.
- √ 뇌의 각 부분은 저마다 다른 활동과 행위를 담당한다.
- √ 뇌는 신체가 제대로 기능하기 위해 어떤 호르몬이 필요한지 신호를 보낸다.
- √ 운동은 뇌의 기능을 직접적으로 향상시킨다.
- √ 약간의 휴식은 부상 후 뇌가 치유되는 데 도움이 된다.

3부

'나'라는 오직 한 사람

5장

무엇이 나를
'나'로 만들까?

너는 어떤 사람이니? 혼자 시간을 보내는 것을 좋아하니, 아니면 친구들에게 둘러싸여 있는 것을 좋아하니? 아이디어를 공유하기 좋아하는 리더 타입이니, 아니면 뒤로 물러서서 다른 사람들이 말하는 것을 살펴보는 관찰자 타입이니? 물론 이러한 질문에 어떻게 답하더라도 '너'라는 사람을 항상 설명할 수는 없어. 하지만 심리학자들은 다양한 사람들이 행동하는 방식에 어떤 특성이 있는지, 그 특성을 통해 사람들의 생각이나 감정, 행동을 예측할 수 있는지를 연구해 왔어. 이러한 개개인의 성향을 '성격 특질'이라고 해.

성격을 예측하려는 시도

사람들은 오랫동안 성격에 대해 정의하기 위해 노력해 왔어. 20세기 초 지크문트 프로이트는 사람들이 스스로 인지하지 못하지만 성격을 만드는, 어떤 충동을 숨기고 있다는 복잡한 이론을 발전시켰어. 프로이트의 저서로 인해 지금까지 널리 시행되고 있는 정신 분석 분야가 시작되었지. 어린 시절의 경험이 성격 형성에 영향을 미친다는 프로이트의 생각은 오늘날에도 여전히 높이 평가받고 있어.

1940년대에 심리학자 윌리엄 셸던은 신체 유형에 따라 행동을 예측하는 방법을 내놓았어. 사람들을 체형이 어떠냐에 따라 '내향적이고 감정적으로 예민하며 지적인 사람', '사교적이고 재미있고 느긋한 사람', '감정적으로 균형이 잡혀 있고 용기가 있으며 강인한 사람' 이렇게 세 유형으로 나눈 거야. 하지만 이제 알게 되었듯이 심리학은 과학이야. 심리학 이론에는 이를 뒷받침하는 세심한 연구와 근거가 필요해. 오늘날 심리학자들은 과학적 근거가 부족한 셸던의 이론을 진지하게 받아들이지 않아.

혹시 '동물 테스트'를 해 본 적이 있니? 어떤 동물이 나왔니? 열성적이고 장난기 많지만 일을 잘하는 비버? 영리하고 호기심 많은 여우? 현명한 올빼미? 충성스럽고 다정한 개? 이 밖에도 각종 소셜 미디어나 잡지에서 사람들의 성격을 설명해 준다는 퀴즈를 본 적이 있을 거야. 이는 재미있긴 하지만 과학적인 근거가 있지는 않아. 심리학자들은 이러한 퀴즈의 결과에서 성격을 설명하는 문장이 누구에게나 해당할 수 있다는 사실에 주목했어. '당신은 사람들의 칭찬을 중요하게 생각한다.', '당신은 자신에 대하여 비판적인 편이다.' 대부분의 사람들은 이 설명이 자신에게 맞다고 생각할 거야. 이런 것을 '바넘 효과'라고 해. 언어 유희의 달인이라 불렸던 P.T. 바넘이라는 사람에게서 이름을 가져왔어.

성격을 설명하는 더 유용한 방법들

20세기 초에 고든 올포트와 헨리 S. 오드버트는 다른 접근법을 취했어. 성격을 여러 다른 특질이 결합한 것이라 여기고, 사람의 특성을 묘사하는 단어를 1만 7천 개 이상 모았지. 이후 심리학자들은 이 단어들을 더 단순하고 유용하게 묶어서 표현할 수 있는 방법을 찾으려고 노력했어. 그중 레이몬드 카텔은 학교나 직장 생활 기록, 신념과 가치를 알아보는 설문 조사의 답변을 기반으로 수많은 사람에 대한 데이터를 모았어. 그런 다음, 이 데이터를 분석하여 한 사람에게서 어떤 행동들이 함께 발생하는 경향이 있는지 알아보았어. 그 결과를 바탕으로 카텔은 행동을 예측하는 데에 유용한 16가지 주요 성격 특질 및 테스트를 개발했어.

5대 기본 성격 특질

	개방성	
호기심과 모험심이 많고 새로운 일을 시도하며 창의적이다.		변화를 좋아하지 않고 예측 가능한 일을 선호한다.

	성실성	
제시간에 일을 마치고 계획적이며 세부 사항에 주목한다.		정해진 일정을 좋아하지 않고 중요한 사항을 잊기도 하며 체계적이지 않다.

	외향성	
새로운 사람을 만나거나 주목받기를 즐기는 등 사교적이다.		혼자 있는 시간을 즐기고 낯선 사람과의 만남을 부담스러워하며 조용한 편이다.

	우호성	
협력적이고 다른 사람을 배려하며 돕는다.		다른 사람에게 관심이 적고 그들의 문제나 감정을 신경 쓰지 않는다.

	신경성	
침울하고 쉽게 마음이 상하며 불안하다.		편안하고 느긋하며 스트레스를 다룰 줄 안다.

심리학자들은 카텔의 16개 성격 범주가 여전히 너무 많다고 생각했어. 지금은 대부분의 심리학자가 5대 기본 성격 특질에 초점을 맞추고 있지. 한 사람이 가진 특질은 어느 한쪽 끝에 있을 수도 있고, 양쪽 사이 어딘가 에 있을 수도 있어.

어떤 테스트가 신뢰할 만한 것이라면 여러 번 반복해도 동일한 결과가 나와야 해. 또, 설계한 목적에 맞는 측정 결과가 나와야 해. 심리학자들은 많은 연구를 수행한 끝에 이 테스트의 결과가 시간이 지나도 안정적으로 나오며, 여러 문화권에서 다양한 행동을 예측하는 데에 유용하다는 사실을 확인했어.

성격 특질이 다는 아니다

새로운 상황에서 과묵하고('외향성'이 낮은), 책임감이 강하고 과제를 잘 수행하며('성실성'이 상당히 높은), 꽤 유순한('우호성'이 상당히 높은) 편이라고 생각한 친구를 과제를 함께할 사람으로 선택할 수도 있을 거야. 하지만 만약 그 친구가 몸이 아프거나 큰 고민을 안고 있다면 성격보다는 그 상황이 행동에 더 많은 영향을 미칠 수 있어.

심리학자 월터 미셸은 성격 특질이 행동을 예측하는 데 유용하지만 그것만으로는 충분하지 않다는 사실을 발견했어. 그 사람이 처해 있는 상황이 매우 중요했어. 환경의 변화 또한 중요한 요인이야.

사람들은 자신에 대해서는 '상황'을 중요하게 여기지만, 다른 사람에 대해서는 그렇지 않아. 심리학자들은 사람들이 자신보다 다른 사람의 특질을 설명할 때 더 자신 있어 한다는 사실을 발견했어. 그리고 다른 사람에 대해 물었을 때보다 자신의 성격이 어느 쪽에 속하는지 물었을 때 '상황에 따라 다르다.'라고 답할 가능성이 훨씬 높았어.

사람들은 보통 성격 특질이 바뀔 수 없다고 생각해. 하지만 누군가의 행동은 성격 특질보다는 그 사람이 처한 상황에 따라 달라지는 경우가 더 많아. 사람들이 운세를 믿는 것도 이런 이유에서야. 대부분의 사람들이 상황에 반응하는 바대로 적힌 설명을 읽으면, 자신에 대해서 정확하게 묘사했다고 생각하게 되거든.

이렇게 한번!

현실의 사람들은 보통 5대 성격 특질에서 모두 어느 한쪽 끝에 있지는 않아. 하지만 가상의 인물은 그런 식으로 더 단순하게 묘사되곤 해. 좋아하는 책이나 영화, TV 프로그램에서 등장인물을 하나 선택하여 5대 성격 특질을 기반으로 아래 예시처럼 설명해 보자. 물론 가상의 인물도 환경의 영향을 받을 수 있다는 점을 고려하자. 아래 예시의 인물도 상황에 따라서는 다른 사람에게 친절하거나 다정할 수 있다는 사실!

예) 이 인물은 심술궂고 다른 사람들보다는 자기 자신에게만 관심이 있다. 그다지 외향적이지 않으며 홀로 떨어져 있을 때 가장 행복할 것이다.

단지 이렇게 태어난 걸까?

엄마나 아빠를 닮았다는 말을 들은 적이 있지? 우리와 부모님은 같은 유전자를 공유하기 때문에 비슷한 점이 많아. 타고난 유전자가 아니더라도 가족끼리는 생활 방식이 비슷하고 같은 경험을 하며 친척과의 관계도 같지. 그렇다면 성격은 선천적이거나 생물학적인 걸까, 아니면 경험에서 발전하는 걸까? 2장에서 배운 것처럼 쌍둥이를 대상으로 하는 연구는 이 어려운 질문에 답하는 데 도움을 줘.

연구에 따르면, 유전적으로 유사한 일란성 쌍둥이 아기는 그렇지 않은 이란성 쌍둥이 아기보다 성격을 나타내는 징후가 같은 경우가 많아. 쌍둥이에 대한 연구 외에도 성격을 결정하는 데 있어 타고난 바, 즉 천성과 유전자가 중요하다는 사실을 말해 주는 여러 연구들이 있어. 행동 패턴과 관련된 특정한 뇌 화학 물질과 유전자를 연결하는 흥미로운 연구도 진행되고 있어. 앞으로 과학자들은 성격의 타고난 측면에 대해 더 많이 밝혀낼 거야.

이런 연구!

자신이 쌍둥이인 심리학자 낸시 세갈은 몇십 년에 걸쳐 쌍둥이를 대상으로 연구했어. 그녀가 연구한 사례 중 하나는 아기 때부터 떨어져 자란 일란성 쌍둥이가 성인이 되어 똑같은 종류의 자원 봉사를 하는 경우였어. 둘 다 소방 관련 업무를 했는데, 심지어 둘 다 긴물의 화재 관련 설비를 담당했고 (하나는 화재 진압 시스템, 다른 하나는 도난 경보기), 둘 다 큰 버클과 열쇠가 달린 큰 벨트를 착용했으며, 둘 다 항상 칼을 가지고 다녔어. 행동의 많은 부분이 유전자의 영향을 받는다는 결론을 내려야 할 것 같은 이야기야. 하지만 세갈 박사는 다른 결론을 내렸어. 이들의 행동은 다른 사람들이 이들을 대하는 방식에 영향을 주었고, 그러한 사람들과의 상호 작용이 결국 이들의 경험으로 이어졌다는 점을 지적했지. 따라서 활동적이고 활발한 성격을 가진 아기는 실제로 그런 유전자를 타고났더라도 이후에 어른들이 활동적인 일로 이끌었을 거야. 그런 경험을 했기 때문에 둘 다 위험에 직면하여 용감하게 행동하는 일에 관심을 갖게 된 걸 수도 있어.

'양육'은 중요하다

심리학자들은 대체로 유전자가 성격에 중요한 영향을 미친다는 데 동의해. 하지만 유전자가 전부는 아니야. 일란성 쌍둥이라도 성격이 정확히 같지는 않지. 그렇다면 성격 발달에 어떤 다른 요인이 영향을 주는 걸까?

'천성 대 양육' 즉, 타고난 것이냐 길러진 것이냐는 의학, 생물학 및 기타 과학 분야뿐만 아니라 심리학에서도 핵심적인 주제야. 그런데 여기에서 말하는 '양육'이 단순히 어린아이를 기르기 위해서 돌보는 일을 뜻하는 건 아니야. 양육은 부모의 훈육이나 교육 방법, 독서 경험, 충격적인 사건, 영양가 있는 식단, 독극물이나 오염에 노출된 경험 등 생애 초기에 받을 수 있는 영향을 모두 포함해.

많은 심리학자가 초기 경험이 아동의 성격 발달에 어떻게 영향을 미치는지에 대한 이론을 내놓았어. 7장에서 우리는 학습과 관련된 심리학 이야기를 할 거야. 그때 심리학자 존 왓슨과 B.F. 스키너를 만날 텐데, 두 사람은 모두 생애 초기 학습을 통하여 아이가 나중에 특정 방식으로 경험에 반응하게끔 만들 수 있다고 여겼어.

앨버트 밴듀라는 어린이가 다른 사람을 관찰하고 모방하는 학습을 통하여 성격이 형성된다고 주장한 심리학자야. 일단 성격이 발달하기 시작하면 아이의 일관된 행동이 주변 사람들에게 영향을 미쳐서 그러한 학습을 더욱 지원하도록 사람들을 이끈다고 했지. 아기에게 말을 건 어른들은 아기가 미소를 짓고 옹알이를 할 때마다 즐거울 거야. 그래서 여기에 더 많은 에너지를 쏟게 되고, 아기는 이를 통해 보람을 느끼게 돼. 밴듀라는 이를 '상호 결정론'이라고 불렀어. 아이를 격려하는 사람들의 행동과 성격 특질이 순환하면서 계속 강화되는 것을 말해

이런 연구!

경험이 미치는 영향은 사람들의 성격 특질에 따라 달라질 수 있어. 한 연구에서는 10대들에게 폭력적인 비디오 게임을 하게 한 뒤 적대감을 측정해 보았어. 그들의 반응은 성격 특질이 어떤지에 달려 있었어. 신경증이 높고 덜 유쾌하며 덜 성실한 경우에 게임을 한 뒤에 적대감이 가장 많이 증가했어. 반면에 정서적으로 안정되어 있고 상냥하며 성실한 아이들은 상대적으로 영향을 적게 받았지.

사람의 성격은 보통 일관되게 유지되는 경향이 있어. 하지만 그렇다고 해서 살아가면서 아무 변화가 없다는 건 아니야. 성격 변화가 가장 큰 시기는 청년기이지만, 연구에 따르면 적절한 치료와 지속적인 연습을 통해 어느 연령대에서든 성격에 도움이 되는 변화를 일으킬 수 있어.

어떤 성격인지를 고려하면 사람들을 이해하고 그들에게 무엇을 기대해야 할지 파악할 수 있어. 많은 심리학 연구가 사람의 행동을 예측하는 성격 특질의 범주를 좁혀 주었지. 성격은 부분적으로 우리의 천성이나 생물학에 기반을 두지만, 그만큼 경험의 영향도 많이 받는 것 같아.

✓ 정리해 보자

- ✓ 성격을 예측하는 유용한 방법을 개발하려는 첫 시도는 사람들 간의 신체적 차이에 초점을 맞췄지만, 이는 그다지 유용하지 않은 것으로 밝혀졌다.
- ✓ 일관되고 예측되는 행동인 성격에 대한 설명을 몇 가지로 묶으려는 많은 연구가 있었다. 이렇게 몇 가지로 묶인 성격에 대한 설명을 '성격 특질'이라고 한다.
- ✓ 오늘날 대부분의 심리학자는 5대 기본 성격 특질에 동의한다.
- ✓ 생물학적으로 관련된 사람, 특히 일란성 쌍둥이를 대상으로 한 연구 결과는 유전자가 성격에 중요한 역할을 한다는 사실을 알게 해 주었다.
- ✓ 유전자는 중요하지만, 성격을 온전히 지배하지는 않는다. 인생 경험, 특히 생애 초기의 경험은 성격 특질에 영향을 준다.
- ✓ 성격 특질은 고정되어 있지 않다. 나이가 들면서 예측했던 대로 변하기도 하고, 적극적인 노력으로 변하기도 한다.

여성 또는 남성이 된다는 게 무슨 뜻일까?

6장

아기가 태어나기 전후에 사람들은 이런 질문을 가장 많이 해. '남자아이인가요, 여자아이인가요?' 이때 기본적으로는 생물학적 차이에 관심이 있는 것 같아. 이 차이를 기준으로 아이의 성별을 남성 혹은 여성으로 결정해. 성(sex)에는 유전자, 호르몬 등 기타 생물학적인 영향이 포함되지만, 성별(gender)은 단순한 생물학이 아니야. 그보다 훨씬 더 복잡한 개인의 정체성이며, 개인이 생각하고 느끼고 행동하는 방식에 대한 사회의 기대치와 연관이 있어.

여성이니까, 남성이니까?

누군가 너를 처음 만났을 때, 너란 사람을 어떻게 묘사할 거라고 생각하니? 너의 외모를 보고 다른 사람이 무엇을 알 수 있을까? 사람들은 외모를 보고 선호하는 음악이나 영화, 패션, 취미나 능력 등을 추측하곤 해. 그런데 혹시 이러한 추측 중 일부가 너의 성별 때문은 아닐까? 사람들이 누군가를 남성이나 여성으로 분류하는 건 자연스러운 일이야. 하지만 그로 인해 그 사람에 대해 사실이 아닌 추측을 할 가능성이 있어.

사람들이 '여자아이는 이래야 해, 남자아이는 이래야 해.' 하는 식으로 생각할 때, 이를 '성 고정관념'이라고 해. 남자아이 혹은 여자아이가 된다는 것은 다른 사람이 너에 대해 어떻게 생각하는지, 그리고 너 스스로 자기 자신에 대해 어떻게 생각하는지에 영향을 미칠 수 있어. 예를 들어 남자아이는 강해야 하며 자신이 원하는 바나 두려움을 드러내면 안 되고, 여자아이는 다른 사람을 돌봐야 하며 화를 내거나 논쟁하지 않는 사람이 되어야 한다고 느끼게 되는 거야.

대부분은 2살 반이 되면 자신을 남자아이나 여자아이로 구분하고, 성별을 자신의 중요한 부분이라 여기게 돼. 초등학교 입학 전까지 유아는 성 고정관념이 발전하여 행동에 강한 영향을 받아. 다양한 장난감을 갖고 놀다가 점차 선호도가 바뀌는데, 남자아이는 '남자아이를 위한' 장난감과 옷을 선호하고 '여성스러운' 것을 피해. 여자아이는 비교적 더 다양한 놀이 대상에 관심을 갖는 경향이 있지만, 상대적으로 '여성스러운' 활동에 더 많이 참여하며 '여성스러운' 옷을 선호하지. 앨버트 밴듀라 같은 심리학자들은 이러한 차이가 어린이가 자신과 같은 성별의 사람들을 관찰한 결과라고 주장했어.

1970~1980년대의 연구에 따르면 아이들이 자신의 성별에 맞지 않는 장난감을 선택할 때 부모나 다른 아이들은 부정적인 반응을 보였어. 이러한 연구 결과가 알려진 뒤, 일부 부모는 아이들이 전통적인 성별에 적

남자아이를 위한 장난감?
여자아이를 위한 장난감?

합하지 않은 장난감을 가지고 놀 수 있도록 적극적으로 격려했지만, 그럼에도 아이들은 성 고정관념에 맞는 놀이를 자주 선택했어.

고정관념과 암묵적 규칙

남녀 사이에 어떤 능력 차이가 있는 것처럼 보일지라도, 그 차이는 사람들이 생각하는 것만큼 극단적이지 않아. 일부는 성 고정관념이나 생물학에 대한 기대 때문일 수 있거든. 이러한 고정관념과 편견은 교육, 특정 직업에서의 역량, 경제적 능력, 자녀에 대한 양육권과 같은 삶의 중요한 측면에 영향을 미치지.

일례로 우리는 누구나 당연히 학교에 다녀야 한다고 생각하지만, 세계의 어떤 지역에서는 여자아이들이 성 고정관념 때문에 교육을 받지 못해. 여자아이는 집안일을 하느라 학교에 갈 시간이 없거나 가족이 여자아이를 교육하는 데 드는 비용을 돈 낭비라고 여기는 거야. 성별에 대한 사람들의 기대 때문에 네 또래의 누군가가 읽거나 쓰는 것조차 배울 수 없다면? 이에 대하여 어떻게 생각하니?

이런 사실!

과거에는 남학생이 수학과 과학을 여학생보다 잘한다고 여겼어. 하지만 지금은 달라. 사회 전반적인 분위기나 여학생에 대한 기대치가 바뀌었고, 무엇보다 실제로 여학생의 수학 성적이 이전과는 달라졌어!

고정관념에 기반하여 여성이나 남성이 이러저러할 것이라는 가정은 교육뿐만 아니라 교육을 받은 뒤에 가질 수 있는 직업 유형에도 큰 영향을 미쳐. 과거에 여성은 특정 직업을 가질 수 없었어. 또 어떤 직업은 남성에게 적합하지 않은 것으로 여겨졌지. 이러한 태도는 수년에 걸쳐 많이 바뀌었지만, 눈에 보이지 않는 사회적인 압력이 여전히 남성과 여성이 수행하는 직업 유형에 영향을 미치고 있어. 심지어 직장에서 여성은 그 수가 많더라도 같은 곳에서 일하는 남성보다 돈을 적게 벌고 권력도 적은 경우가 있어. 예를 들어 의료 분야에서 일하는 여성은 남성보다 그 수가 훨씬 많지만, 병원이나 의료 기관을 운영하는 고위직에 있는 여성은 남성보다 훨씬 적어. 심리학자들은 직장에서의 평등과 공정성을 위하여 사람들의 어떤 태도와 행동이 성별 임금 격차를 유발하는지 연구하고 있어.

성 정체성과 생물학적 성별이 다를 때

태어날 때의 성별이 개인의 성 정체성, 즉 자신에 대한 인식과 일치하지 않는 경우에 성 고정관념은 더욱 해로운 것이 되기 쉬워. 자신이 태어날 때 지정된 성별이 아닌 다른 성별이라고 느끼는 경우, 자신의 생물학적 성별에 대한 사람들의 기대에 맞춰야 한다는 압력이 극도의 스트레스가 될 수 있어. 더 나아가 트렌스젠더(성전환자)는 종종 놀림, 따돌림, 심지어 신체적 공격의 대상이 되곤 해. 그들은 자신의 정체성에 맞는 방식으로 옷을 입거나 머리 스타일을 하기 어려워. 자신이 선호하는 화장실을 사용하는 일도 다른 사람들의 저항을 불러일으킬 수 있지. 이런 경우, 가족이나 친구을 비롯한 주변 사람들이 스스로 인식하는 성별로 그 사람을 받아들이는 일이 매우 중요해. 일부 문화권에서 트렌스젠더는 남성과 여성 사이의 제3의 성으로 받아들여졌어. 아메리칸 인디언의 한 부족인 나바호족은 이들을 '2개의 영혼'이라고 불렀다고 해.

한 사람으로서 내가 누구인지는 성별에 따라 크게 영향을 받게 마련이야. '대부분'의 사람들은 생물학적으로 타고난 성별과 성 정체성이 일치하지만, '모든' 사람이 그렇지는 않아. 성 역할에 대한 믿음과 기대는 남성과 여성이 서로 다른 경험을 하게 만들 수 있어. 이러한 차이는 성별에 따라 어떻게 행동하고 하지 말아야 하는지, 무엇을 할 수 있고 할 수 없는지, 어떻게 보여야 하는지에 대한 사람들의 시각에서 발생해. 성별에 대한 기대는 학교와 직장에서의 생활과 성취에서 어려움 또는 기회를 가져올 수 있어.

√ 정리해 보자

- √ 생물학적 성별(sex)은 타고난 생물학적 특성에 기반한 라벨(꼬리표)이다.
- √ 사회적 성별(gender)은 서로 다른 성별의 사람들이 어떻게 보이고 행동하고 생각하고 느껴야 하는지에 대한 사람들의 가정과 태도에 기반한 문화적인 라벨이며, 또한 개인의 정체성이기도 하다.
- √ 성 고정관념은 학교와 직장에 영향을 미친다.
- √ 어떤 사람들은 태어날 때 지정된 성별이 자신이 인식한 성별과 맞지 않는다. 심리적으로 더 건강한 성 정체성으로 사는 삶이 더 행복한 경우도 있다.

4부

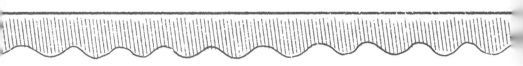

학습과
발달

7장

학습은 어떻게 이루어질까?

　　우리는 태어난 그 시점부터 새로운 기술, 단어, 행동, 정보를 계속해서 배우고 있어. 어떤 경우에는 이러한 학습 과정을 스스로 인지할 수 있지. 책을 읽거나 누군가의 시범을 보거나 설명을 듣거나 동영상을 보면서 정보를 얻고, 세탁기 사용법을 알게 되고, 드리블을 하거나 풍경화를 그릴 수 있게 되는 거야. 이 모두가 새로운 지식을 저장하고 능력을 개발하는 학습 과정에 속해. 하지만 이런 과정 중에는 명확하지 않은 부분이 있어. 초기 심리학자들은 학습이 어떻게 일어나는지 알고 싶어 했고, 이들의 연구를 통해 학습의 중요한 원리가 밝혀졌어.

종이 울리면 침을 흘린다

1800년대 후반에 이반 파블로프는 '연합'에 의해 이루어지는 학습을 연구했어. 그는 개가 고기에 대한 반응으로 침을 흘리는 모습을 관찰했는데, 처음에 그냥 종을 울렸을 때 개들은 아무 반응이 없었어. 하지만 고기를 주기 직전에 계속해서 종을 울리자, 종이 울리면 고기가 없는데도 침을 흘렸어. 개들은 종소리가 고기가 나온다는 신호라는 것을 배운 거야.

파블로프는 침을 흘리는 것 같은 자연스러운 반응(타고난 반사)이 새로운 반응과 짝을 이룰 수 있음을 보여 주었어. 이것을 '고전적 조건화(고전적 조건 형성)'라고 해. 파블로프는 이 업적으로 1904년 노벨상을 받았어.

잘못된 학습

고전적 조건화가 늘 유쾌하지는 않아. 만약 녹색 젤리를 먹고 장염에 걸려 토한 적이 있다면, 녹색 젤리와 장염이 결합하여 녹색 젤리만 봐도 토할 것 같은 느낌이 들 거야. 행동 과학자 존 왓슨은 1920년에 '앨버트'라는 이름의 아기를 대상으로 한 유명한 실험에서 이 불쾌한 고전적 조건화가 어떻게 작용하는지 보여 주었어.

앨버트는 애완용 흰쥐를 두려워하지 않았어. 하지만 옆에서 망치를 들고 파이프를 아주 크게 쳤을 때는 두려움에 펄쩍 뛰며 울음을 터뜨렸어. 당연히 그렇지! 왓슨은 이 두 사실을 확인한 뒤에 앨버트에게 반복해서 쥐를 보여 주면서 망치 소리를 냈어. 얼마 지나지 않아 앨버트는 망치 소리가 들리지 않아도 쥐를 보는 것만으로 기분이 상했어. 게다가 토끼나 개, 모피 코트, 솜뭉치 등을 포함하여 여러 종류의 하얀 털을 두려워하기 시작했어. 가엾어라! 이 실험은 분명 어린아이에게 해롭기 때문에 오늘날에는 할 수 없지만, 고전적 조건화의 유명한 예야.

이는 극단적인 예지만, 실제로 모든 학습이 우리에게 도움이 되지는 않아. 사람들은 위험하지 않은 대상을 두려워하는 법도 학습할 수 있어. 벌에 쏘이고 나면 야외에 나가기가 두려워지는 것처럼 말이야. 하지만 학습된 두려움은 다시 사라질 수도 있어! 그러려면 연합이 약해져야 해. 다시 말해 벌을 봐도 쏘이지 않아야 해. 이런 경우에는 야외에서의 좋은 경험이 두려움을 잊는 데 도움이 될 거야.

개에게 간식을 주듯이

하지만 고전적 조건화에는 제한이 있어. 자연스러운 행동에 대한 자연스러운 반응에 의존하기 때문에 항상 적용하기는 어려워. 연구자들은 파블로프의 작업을 기반으로 다른 종류의 학습을 연구했어. 바로 행동의 결과로서 일어나는 학습이야.

개가 명령을 따랐을 때 조련사가 비스킷을 간식으로 주는 것을 본 적이 있니? 장보기를 도와준 아이에게 막대 사탕을 간식으로 주는 것은? 개 비스킷과 막대 사탕은 각기 다른 사물이지만, 공통점이 있어. 둘 다 어떤 행동이 다시 일어날 가능성을 높일 수 있거든. 이 두 경우는 모두 같은 종류의 학습 과학을 사용하고 있어.

맛있는 음식, 목이 마를 때 마실 수 있는 물, 포옹 등은 대부분의 사람을 즉각 기쁘게 하는 기본적인 보상이야. 이 밖에 다른 종류의 물건이나 경험도 조건화를 통하여 기본적인 보상과 결부되거나, 원하는 것을 얻게 해 준다는 것을 학습하게 하면 보상이 될 수 있어. 과자를 사 먹을 수 있는 동전, 칭찬 스티커 등이 그 예시야. 이처럼 보상을 사용하는 학습 과정을 '조작적 조건화(조작적 조건 형성)'라고 해.

B.F 스키너는 조작적 조건화를 연구한 심리학자야. 1930년대에 그는 학습이 '보상이 뒤따르는 단계별 행동 과정'임을 보여 주려고 했어. '스키너의 상자'라고 부른 실험용 새장을 만들고는 쥐와 새를 사용하여 조작적 조건화를 연구했지. 실험에서 매번 음식을 조금씩 주자, 쥐는 막대 미는 법을 배울 수 있었어. 처음에 쥐는 우연히 막대를 쳤어. 하지만 과자를 보상으로 받은 뒤에는 막대를 밀면 음식을 얻는다는 것을 금세 배웠어.

이어서 스키너는 더 어려운 행동을 동물에게 가르치려고 했어. 작은 단계들에 대하여 보상하는 과정을 통해 동물에게 새롭고 놀라운 일을 많이 하도록 가르칠 수 있었지. 예를 들어 비둘기에게 탁구를 가르치기 위해 부리가 탁구공에 닿을 때마다 새에게 먹이를 주었어. 일단 그 행동을 배우면, 그다음은 공을 위로 밀어 올리는 것에 대하여 보상을 주었어. 새들은 정말로 탁구공을 앞뒤로 치는 법을 조금씩 배웠어!

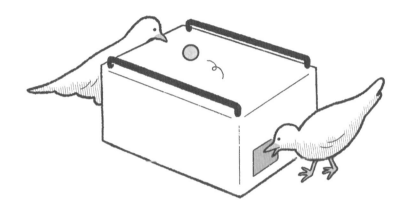

이런 사실!

좀 바보 같긴 하지만, 이 실험은 동물이 꽤 복잡한 기술을 배울 수 있다는 사실을 보여 주었어. 오늘날 안내견은 작은 단계들에 대한 보상을 통해 시각 장애인이 장애물을 피해 이동하게 돕거나, 청각 장애인에게 소리를 알리는 방법을 배울 수 있어. 군견과 경찰견도 유사한 방식으로 불법 약물과 폭탄 냄새를 맡도록 훈련받지.

간식이 벌을 이긴다

어떤 행동에 불쾌한 일이 뒤따른다면 적어도 잠시 동안은 그 행동이 반복될 가능성이 적어. 이것이 처벌의 기본 개념이야. 처벌은 행동을 줄이는 데 효과가 있지만, 긍정적인 보상만큼 목표를 달성하는 데 효과적이거나 효과가 오래 지속되지는 않아. 반려견의 훈련을 도운 적이 있다면 보상과 처벌이 모두 동물 훈련에 자주 사용된다는 것을 알 거야. 심리학자들은 처벌이 잠시 동안만 효과가 있는데 반해, 보상은 더 오래 지속되는 변화를 가져온다는 사실을 밝혀냈어. 따라서 반려동물을 훈련시키거나 좋은 습관을 가르치고자 한다면, 어떤 행동을 멈추게 하고 싶은지보다는 어떤 행동을 가르치고 싶은지를 생각하는 게 좋아. 처벌보다 보상을 사용하려면 창의적인 사고가 필요해. 예를 들어 개가 엉뚱한 곳에 오줌을 누었을 때 벌을 주기만 할 게 아니라, 개가 오줌을 누러 나가야 한다는 신호를 보낼 때 보상을 해야 해.

교실에서도 여러 보상과 처벌이 사용돼. 많은 선생님이 수업 시간에 손을 들고 질문에 대답하도록 아이들을 격려하기 위해 칭찬이나 기타 다른 보상을 사용해. 조회 시간에 조용히 있거나 책을 정해진 만큼 읽었을 때 간식을 줄 수도 있지. 교실에서 어떤 보상을 경험했는지 한번 생각해 보자.

보고, 따라 한다

모든 학습이 고전적 또는 조작적 조건화를 통해 이루어지지는 않아. 학습은 다른 사람들이 행동하는 것을 지켜보면서 이루어질 수도 있어(모델링). 아기가 엄마를 보고 요리하는 시늉을 내는 것처럼 말이야.

심리학자 엘버트 밴듀라는 유명한 모델링 실험에서 커다란 플라스틱 인형을 설치했어. 이 인형은 밑부분이 무거운 공기로 채워져서 넘어뜨리면 다시 일어났어. 연구자들은 실험에 참여한 어린이들을 나누어서 한쪽에서는 어른이 화를 내며 인형을 때리는 모습을 지켜보게 하고, 다른 쪽에서는 어른이 부드럽게 행동하는 모습을 지켜보게 했어. 그런 다음, 아이들을 한 명씩 인형이 있는 방에 넣었어. 어른이 인형을 세게 때리는 것을 본 아이들은 똑같이 인형을 세게 때렸고, 어른이 다정하게 행동하는 것을 본 아이들은 온순하게 행동했어. 물론 폭력을 목격한다고 해서 모두가 폭력적으로 행동하지는 않지. 하지만 어른들이 폭력이 포함된 게임과 비디오에 대해 걱정하는 이유를 조금은 알겠지?

의미가 중요하다

보상은 항상 예상대로 효과를 거두지는 못해. 사람에게는 보상의 의미나 해내야 하는 일에 대한 생각이 중요한 것 같아. 연구에 따르면 상패나 돈과 같은 보상을 받은 아이들이 오히려 활동에 관심을 잃기도 했어! 활동 자체가 보람 있을 때 학습이 가장 잘 이루어져. 당연하지만 기분이 좋으면 그 일을 더 자주 할 가능성이 높기 때문이야.

√ 정리해 보자

√ 이반 파블로프는 고전적 조건화를 사용하여 개가 종소리를 들었을 때 침을 흘리도록 했다. 그의 연구는 이후 과학자들이 학습 과정을 탐구하는 데 많은 영향을 미쳤다.

√ 존 왓슨은 고전적 조건화로 어린 앨버트가 하얀 솜털 같은 것을 두려워하게 만들 수 있다는 것을 보여 주었다.

√ 학습된 두려움은 다시 사라질 수 있다.

√ 조작적 조건화를 사용하면 즐거운 일(보상)이 뒤따를 때 행동에 참여할 가능성이 더 커진다. 처벌이 행동에 뒤따를 때는 그 행동이 다시 일어날 가능성은 적어지지만 일시적인 결과일 수 있다. 행동을 바꾸기 위해 보상을 사용하면 처벌을 사용할 때보다 효과가 오래 지속된다.

√ 작은 단계들을 보상해 나가면서 새롭고 복잡한 행동을 훈련할 수 있다.

√ 앨버트 밴듀라는 모방을 사용하여 다른 사람을 관찰하며 학습하는 방법(모델링)을 보여 주었다.

'똑똑하다'가 무슨 뜻일까?

8장

사람들은 '똑똑하다'에 대해 다양한 생각을 가지고 있어. 어떤 사람들에게 똑똑하다는 것은 시험에서 답을 많이 맞히거나 높은 점수를 받는 것을 의미해. 하지만 블록을 조립하는 것은 어떨까? 악기를 섬세하게 연주하거나 외국어로 유창하게 말하는 건? 심리학자들은 '지능'과 '똑똑함'이 무엇인지 연구하고 있어.

지능에 대한 생각은 문화마다 다르다

오늘날 대부분의 심리학자는 인간의 지능이 다음과 같다는 데 동의하고 있어.

- 경험을 통해 배우는 능력
- 역량을 발휘하기 위해 사고방식을 성찰하고 통제하는 능력
- 사고의 유연성, 즉 상황이 바뀌었을 때 다르게 접근하는 능력

지능을 나눠서 어떤 부분은 결정 지능(학습된 것으로 필요할 때 꺼내서 사용할 수 있는 지식), 어떤 부분은 유동 지능(논리적으로 생각하고, 패턴을 식별하고, 익숙하지 않은 문제를 해결하는 것)이라고 부르기도 해.

그런데 환경과 경험이 다른 문화에서는 지능에 대하여 다르게 생각할 수 있어. 아프리카 잠비아의 한 심리학자는 여러 면에서 비슷한(도시에서 자라고 가정환경이 거의 같은) 아이들을 대상으로 연구를 했어. 이들이 다른 점은 출신 국가가 영국과 잠비아라는 거야. 이들에게 동일한 과제를 부

여했더니 서로 다른 결과가 나왔어.

주어진 모양을 따라 그리거나 만들라고 했을 때 영국 아이들은 연필로 종이에 그리는 방식에서 더 잘했고, 잠비아 아이들은 철사로 만드는 방식에서 더 잘했어. 실제로 잠비아 아이들은 종종 철사를 사용해서 만들기를 한다고 해. 둘 중 어느 한쪽이 더 똑똑하다고 할 수 있을까? 그렇게는 말할 수 없어. 각기 다른 경험을 가졌고, 그래서 다른 능력을 지녔을 뿐이야. 만약 잠비아의 아이가 영국으로 가거나 영국의 아이가 잠비아로 간다면 어떨까? 다른 곳에 있다는 이유만으로도 지능이 떨어지는 것처럼 보일까? 성장 경험과 동떨어져서 지능을 정의하기란 불가능해.

지능을 테스트할 수 있을까?

심리학 연구에서는 개념을 정의 내릴 뿐 아니라 측정도 할 수 있어야 해. 지능 테스트 분야는 1900년대 초에 프랑스의 심리학자 알프레드 비네와 테오도르 시몽이 만든 테스트에 뿌리를 두고 있어. 이 테스트는 미국 스탠포드 대학의 루이스 터먼에 의해 미국에서 추가적으로 진행되었어. 1916년에 처음 발표된 스탠포드-비네 테스트는 수년 동안 지능 검사의 표준이었고, 이후 수십 년에 걸쳐 갱신되어 오늘날에도 여전히 사용되고 있어. 이 테스트(혹은 기타 비슷한 다른 테스트)에는 퍼즐 풀기, 유사성이나 차이점 찾기, 단어의 의미 찾기, 숫자 기억하기 등이 포함되어 있어.

테스트 점수가 정말로 무엇을 뜻하는지, 도움이 되는지 오히려 상처를 주는지에 대해서는 논란이 있어. 환경이 좋지 않은 동네의 아이들은 더 많은 혜택을 받은 아이들과 같은 경험을 하지 못해. 어쩌면 이 점수는 실제 지능이 아니라 이러한 불공평한 차이를 반영한 것인지도 몰라.

비네와 시몽이 테스트를 개발한 데는 보충 수업이 필요한 어린이를 가려내려는 실질적인 이유가 있었어. 아이큐(Intelligence Quotient: 지능의 정도를 총괄하여 수치로 나타낸 것) 점수는 성적과 학업 성취도를 예측해. 일반적으로 아이큐가 높을수록 성적이 더 높고 학교에서 많은 성취를 할 거라는 뜻이야. 하지만 이 점수는 오해의 소지가 있어.

아이큐 점수가 예측할 수 없는 것이 무엇일까? 이 점수로는 인품이나 세상에 대한 기여도는 예측할 수 없어. 좋은 결정을 내릴 수 있는지 상식을 가졌는지에 대해서도 말해 주지 않아. 지능 테스트는 분명 어떤 종류의 정보를 제공하지만, 그 정보는 인생에서 성공하는 데 필요한 기술을 전부 반영하지는 못해.

아이큐가 높다면 무엇이든 잘할 수 있을까? 하지만 사회에서 성공하려면 열심히 일하고 다른 사람들과 협력하는 등 다른 역량도 필요해. 흥미롭게도 아이큐가 극도로 높은 일부 아이들은 오히려 다른 아이들과 동일한 대상에 관심이 없기 때문에 적응하는 데 어려움이 있어. 사람들은 아이큐가 실제보다 더 중요하다고 생각하는 것 같아! 또한 어떤 아이들에게는 테스트에 나오는 몇몇 정보나 작업이 낯설 수도 있어. 자신이 자란 환경에서는 비슷한 것을 접한 적이 없기 때문이야. 덜 부유한 지역의 아이들은 테스트가 보여 줄 수 있는 것보다 훨씬 더 똑똑할 수도 있어. 그러니 아이큐 테스트가 항상 지능의 좋은 척도라고는 볼 수 없어.

심리학자들은 아이가 특별히 똑똑하다는 말이 어른들이 아이를 대하는 방식이나 아이들의 성취에 영향을 미칠지 궁금했어. 1963년 로버트 로즌솔과 레노어 잭슨은 초등학생들에게 아이큐 테스트를 실시했어. 그런 다음 실제 점수와는 상관없이 무작위로 일부 아이들을 선택하고는 담당 교사에게 그들이 학교에서 기대하는 영재 학생이라고 말했어. 시간이 지나 학년 말에 아이들을 다시 시험했을 때, '높은 아이큐로 분류되었던' 아이들은 그렇지 않은 아이들보다 훨씬 더 크게 아이큐 점수가 증가했어. 이 결과에 어떤 의미가 있을까? 아이들은 다른 사람들이 잘할 것이라고 기대했을 때 정말로 해낼 수 있다는 뜻이야!

교사의 기대, 주변 환경, 동기, 삶에서의 경험 등 다양한 요인이 아이큐 테스트 점수에 영향을 줄 수 있어. 길이가 다양한 고무줄을 떠올려 봐. 그 고무줄이 각자 타고난 지능을 나타낸다고 생각해 보는 거야. 고무줄은 탄성이 있어. 잡아당기면 늘어나지. 지능도 마찬가지야. 화목한 가족 분위기, 책과 학습에 대한 즐거운 경험, 좋은 학교 등을 통해 더 높아질 수 있어!

'똑똑해지는' 하나 이상의 방법

하워드 가드너는 아이큐 점수보다 더 유용한 지능의 개념으로 '다중 지능'을 제안하여 많은 관심을 받았어. 여기에 동의하지 않는 심리학자들도 있고 더 많은 연구가 필요하지만, 적어도 이 이론은 '지능이 무엇인가'에 대한 관점을 넓히는 데 영향을 미쳤어.

하워드 가드너의 8개의 지능

지능의 종류	설명	예시
언어 지능	언어로 사고하고 문제를 해결한다.	글쓰기, 단어 게임, 연설
논리 지능	논리, 패턴, 숫자로 추론한다.	체스, 컴퓨터, 수학
공간 지능	이미지와 입체 공간에 대한 정보를 처리한다.	퍼즐, 구조물, 지도
음악 지능	소리와 음악적 패턴을 통하여 생각한다.	연주와 작곡
신체 지능	접촉과 움직임을 통하여 세상과 연결된다.	운동, 춤, 체조
인간 친화 지능	다른 사람을 이해하고 관계를 맺는다.	그룹 활동, 리더십
자기 성찰 지능	감정, 생각, 목표를 인지한다.	일기 쓰기, 목표 설정
자연 지능	자연에 관심을 갖고 환경에 대하여 안다.	암석의 분류, 식물의 식별

이렇게 한번!

자신의 강점과 약점을 생각해 보고, 가드너의 다중 지능 이론을 참고하여
<u>스스로</u> 자신의 세 가지 상위 지능을 꼽아 보자. 그런 다음, 부모님이나 선
생님에게 너를 가장 잘 설명하는 세 가지 지능을 뽑아 달라고 해서 <u>스스로</u>
선택한 것과 어떻게 다른지 비교해 보자. 다중 지능을 통하여 '똑똑함'에
대한 너의 생각이 어떻게 바뀌었을까?

한편, 로버트 스턴버그는 얼마나 주변 세계를 효과적으로 다루는지에 초점을 맞춰 삼원 지능 이론을 내놓았어. 이 이론에서는 개인의 분석적, 실용적, 창의적 능력이 상호 연관되어 지적 활동이 일어난다고 보았지. 분석적 지능은 문제를 해결하는 방법을 찾는 능력, 실용적 지능은 지식을 잘 적용하고 사용하는 능력, 창의적 지능은 새로운 방법으로 사고하는 능력과 관련이 있어.

생각에 관한 모든 것

사람들이 어떻게 생각하고 배우는지에 대한 연구 분야를 '인지 심리학'이라고 해. 인지 심리학자들은 우리가 어떻게 사고하고, 기억하고, 인지하고, 단어와 이미지를 통해 학습하는지를 연구해. 우리 뇌는 다양한 방식으로 정보를 받아들이고 처리하면서, 우리가 정보를 체계화하고 주변 세계를 이해하도록 돕는 일을 하고 있어.

언어는 말하기(또는 수화), 읽기, 쓰기를 통해 다른 사람에게 지식과 생각을 전달하는 중요한 수단이야. 동물도 어느 정도는 의사소통을 할 수 있지만, 의사소통을 위해 단어를 조합하는 완전한 언어 체계는 우리 인간에게서만 볼 수 있어. 전 세계의 언어는 유사한 특성과 목적을 가진 반면, 각각의 흥미로운 차이점도 가지고 있어. 피터 고든은 브라질의 한 부족의 언어에서 숫자를 나타내는 단어가 '하나, 둘, 다수' 이렇게 3개밖에 없다는 사실을 발견했어. 이 부족은 3보다 큰 수를 다루는 데 어려움이 있었어. 이는 언어가 수학적 사고에도 영향을 미친다는 뜻이야.

통찰력에 대한 통찰

인지 심리학자들은 사람들이 문제를 해결하는 방법을 연구해. 문제를 해결한다는 건, 목표 달성을 방해하는 장애물을 극복하기 위해 정신적으로 노력하는 일을 포함해. 어떤 문제는 해결 방법이 명확해. 정사각형의 면적을 찾는 방법 같은 게 그렇지. 하지만 어떤 문제는 그렇지 않아서 해결 방법을 찾는 명확한 길이 없어. 이런 것을 '통찰 문제'라고 해. 통찰이란 갑작스럽게 문제 해결이 이루어지는 현상이야. 이런 문제를 해결하려면 상황을 통합적으로 이해하고, 창의적이며 유연한 방식으로 생각하는 능력이 필요해.

연구에 따르면 사람들은 기분이 좋을 때 이런 문제를 더 잘 해결할 수 있어. 해결해야 할 문제를 앞에 두고 막힌 느낌이 든다면 계속 씨름하기보다는 얼마간 휴식을 취해야 해. 숙면을 취한 뒤에 통찰 문제를 더 성공적으로 해결했다는 연구도 있거든.

이런 연구!

리론 로젠크란츠 연구팀은 후각에 대한 연구를 많이 했는데, 한 실험에서 참가자들에게 냄새를 맡을 무언가를 나눠 주었어. 절반은 그냥 냄새를 맡기만 했고 나머지 절반은 이 냄새가 창의적인 사고 능력을 향상시켜 줄 거라고 했지. 그런 다음 몇 가지 테스트를 했을 때, 냄새를 통하여 '혁신적인 생각'을 할 수 있게 되었다고 여긴 쪽이 문제를 더 잘 해결했어. 이 연구는 자신의 창의적 사고력을 믿으면 자신을 의심할 때보다 더 독창적인 방식으로 문제를 해결할 수 있다는 사실을 보여 주었어.

컴퓨터는 똑똑할까?

컴퓨터는 학습, 문제 해결, 의사 결정 및 언어와 같은 인간의 행동을 수행하도록 프로그래밍되어 있어. 컴퓨터는 체스 게임에서 이기고, 음악을 작곡하고, 질문에 답하고, 심지어 자동차를 운전할 수도 있어. 이는 모두 인공 지능(AI)의 예시야. 인지 심리학자들은 인간의 생각을 더 잘 이해하기 위해 인공 지능을 사용해. 그리고 인공 지능도 인지 심리학의 결과를 사용해. 오늘날 과학자들은 창의적으로 생각하는 컴퓨터 시스템을 만들기 위해 노력하고 있어. 인공 두뇌가 통찰력을 사용하고 감정을 경험할수 있을까? 심리학자들은 컴퓨터 과학자들과 함께 인간의 생각에 대한 지식을 인공 지능에 적용하기 위해 노력하고 있어. 한 가지 예로 심리 실험에 인간과 가상의 존재가 함께 참여하는 일을 들 수 있어.

앞으로는 똑똑하다는 것에 대해 학교생활이나 성적에 한정하지 말고 더 넓게 생각하기를 바랄게. 모든 사람이 각자 다른 '똑똑함'을 가지고 있어. 특히 우리와 다른 문화권의 사람들은 우리가 이전에 생각하지 못했던 방식으로 '똑똑하다'는 것을 기억하자. 또한 갈수록 인공 지능이 점점 영리해지고 있어. 앞으로는 언어, 통찰력, 문제 해결 등에 있어 우리 인간만이 가능한 고유한 것이 무엇인지 연구해야 할 거야.

√ 정리해 보자

- √ 오늘날 대부분의 지능 테스트는 결정 시능과 유동 지능을 모두 측정한다.
- √ 지능의 개념은 광범위한 인지 기능을 넓게 아우르는 우산과 같다. 또, 지능 테스트를 통하여 아이큐 점수가 생성된다.
- √ 아이큐 테스트는 학생이 학교에서 얼마나 잘할지 예측하는 데 어느 정도는 효과적이지만, 다른 중요한 능력에 대한 정보는 제공하지 않는다. 동기 부여, 교육 및 학습의 기회 등은 지능 테스트 결과에 영향을 미칠 수 있다.
- √ 다중 지능 이론은 지능 검사에서의 특정 점수를 넘어서는 의미를 지닌다.
- √ 동물도 어느 정도는 언어를 배울 수 있지만, 수화를 포함한 인간의 언어는 훨씬 더 복잡하다.
- √ 해결 방법이 명확하지 않은 문제는 통찰력과 창의성이 필요하다.
- √ 인지 심리학은 인공 지능의 발전에 기여하고 있다.

9장

기억은 어떻게
이루어질까?

인간의 기억력은 놀라워! 우리는 노래 가사, 어제 저녁에 먹은 음식, 게임의 규칙, 그림 속 아이가 입은 옷의 색깔은 물론, 그보다 훨씬 더 많은 것을 모두 기억할 수 있어. 우리가 하는 모든 일에는 기억이 관련되어 있어. 하지만 왜 어떤 것은 기억하고 어떤 것은 잊는 걸까? 또, 어떻게 그런 일이 가능할까? 우리의 기억은 정확한 걸까? 좋은 기억력을 가지려면 어떻게 해야 할까?

걸러내다

사람은 모든 것을 기억할 수 없어. 아무도 그렇게 되기를 바라지도 않을 거야. 우리는 정말이지 많은 것을 경험해! 새로운 정보를 붙잡으려면 그 전에 먼저 뇌가 우리의 경험을 분류하고 그중 일부에만 주의를 기울여야 해. 한 번에 모든 것에 주의를 기울일 수는 없어서야. 중요한 정보에 집중하려면 다른 정보를 무시해야 해. 이것이 바로 걸으면서 동시에 휴대폰을 보는 일이 안전하지 않은 이유야. 핸드폰에 집중할수록 어딘가에 걸려 넘어질 가능성이 높아지니까.

> ### 이런 연구!
> 1999년의 유명한 실험에서 대니얼 사이먼스와 크리스토퍼 차브리스는 각각 검은 옷과 흰 옷을 입은 두 팀이 농구공을 패스하고 있는 짧은 영상을 만들었어. 사람들에게 이 영상을 보여 주면서 흰 옷을 입은 사람들 사이의 패스 횟수를 세 보라고 했지. 하지만 연구자들이 진짜로 관심을 둔 건 패스

횟수가 아니었어. 영상 중간에 고릴라 복장을 한 사람이 농구 코트를 가로질러 걸어가는 모습이 나왔지만, 놀랍게도 영상을 본 사람들 중 절반은 그 사실을 알아차리지 못했어! 가끔 우리는 주의를 기울여 보고 있다고 생각할 때조차 아주 중요하고 놀라운 사실을 놓치고 있어.

사람은 누구나 눈앞에서 벌어지는 많은 일을 놓칠 뿐만 아니라, 바로 코앞에서 생긴 중요한 변화도 놓칠 수 있어. 심리학자들은 이것을 '변화맹'이라고 불러. 마술사가 우리를 속일 수 있는 것도 변화맹이 있어서야. 손에서 동전을 사라지게 한 뒤에 누군가의 귀에서 다시 찾는 마술을 본 적이 있지 않니?

묶는다

뇌는 정보를 파악하면 그중 일부를 1분 미만의 매우 짧은 시간에 단기 기억에 저장해. 하지만 누군가 전화번호를 말하는 순간 방해를 받는다면 나중에 그 번호가 잘 기억나지 않을 거야. 전화번호를 기억하는 효과적인 방법 중 하나는 숫자를 묶는 거야. 지역 번호를 따로 떼어 생각하거나, 4 5 6처럼 일정한 순서가 있는 경우 하나로 묶어 생각하면 더 쉽게 기억할 수 있어. 단기 기억에 쉽게 저장할 수 있도록 정보를 의미 있는 방식으로 묶는 것을 '청킹(chunking)'이라고 해. 청크는 '덩어리'를 뜻하는 말이야.

전화번호라든지 단기 기억을 넘어서는 또 다른 정보 조각을 기억하고 싶
을 때, 뇌는 정보를 장기 기억으로 이동시키기 위해서 어떤 조치를 취해
야 해. 아마 정보를 되뇔 거야. 반복하고 또 빈복하면서 머릿속으로 복습
하는 거지.

　시험을 앞두고 암기를 해야 할 때 가장 효과적인 학습 전략 중 하나는
스스로 예비 테스트를 해 보고, 자기 자신에게 가르치듯이 정보를 설명
하는 거야. 새로운 정보를 이미 알고 있는 것과 더 많이 연결할수록 정보
가 장기 기억에 남을 가능성이 높아져.

아래 알파벳들을 친구나 가족에게 천천히 여러 번 들려 주고 나서 순서대
로 다시 말해 보라고 하자.

ugaotemcosd

이번에는 아래 알파벳들을 읽어 주고 마찬가지로 순서대로 말해 보라고
해 보자.

dogcatmouse

보통은 두 번째를 더 쉽게 기억했을 거야. 사실 두 경우 모두 같은 알파벳
으로 구성되어 있어. 하지만 두 번째는 익숙한 영어 단어가 포함되어 있기
때문에 더 작은 단위로 묶여서 장기 기억에 저장될 수 있지.

관제탑으로서의 두뇌

공항에서 비행기가 이착륙하려면 제 위치를 확인해 주는 중앙의 관리자
가 필요해. 관제탑은 이륙할 비행기에게 지시를 내리면서, 동시에 착륙
할 비행기의 경로도 염두에 두어야 하지.

'작업 기억'은 관제탑과 같은 역할을 하여, 우리가 다른 정보에 대해 생
각하는 동안에도 일부 정보를 기억할 수 있게 해 줘. 글을 읽을 때는 단락
의 나머지 부분을 읽으면서 방금 읽은 내용도 기억해야 하는데, 이런 역
할을 하는 게 작업 기억이야. 단기 기억도 작업 기억의 한 부분이긴 해.
하지만 작업 기억은 무언가를 기억하면서 동시에 다른 일을 하는 것과
관련이 있어.

작업 기억을 그림과 함께 사용할 수도 있어. 친구나 가족에게 아래 사물들을 보여 주고 5초 동안 바라보라고 하자.

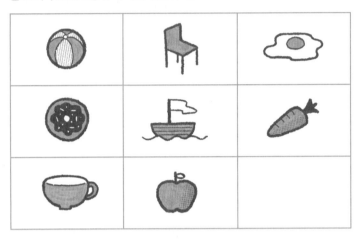

이제 다시 아래 사물들을 5초 동안 보여 주자.

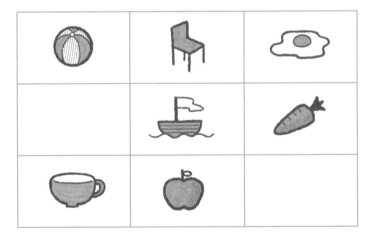

마지막으로 아래 빈칸 가운데 방금 어디가 비어 있었는지 가리키라고 해 보자. 그리고 사라진 물건이 무엇이었는지 말해 보라고 하자.

이 문제를 풀려면 작업 기억을 사용해야 해. 각각의 사물이 어디에 있는 지, 또 그것이 어떤 것인지를 기억해야 하거든. 이런 일들을 하려면 분명 관제탑이 필요할 거야!

유용한 전략

정보를 오랫동안 기억하고 싶다면 그것을 장기 기억으로 옮기기 위한 특별한 전략이 필요해. 중얼중얼 혼잣말을 하거나, 머릿속에 이미지로 떠올리거나, 간단하고 재미있는 이야기로 바꾸는 방법도 유용해.

장을 보러 나설 때 사야 할 물건의 목록을 세 번 읽고 나서 몇 가지를 기억할 수 있는지 확인해 보자. 다시 장을 보러 나설 일이 있을 때 이번에는 목록을 다음과 같은 우스꽝스러운 이야기로 바꿔 보자.

"대머리 사과는 곱슬머리 브로콜리를 질투했어. 사과와 브로콜리는 체리 귀걸이와 완두콩 목걸이를 갖고 싶어 했어. 땅콩버터와 마요네즈가 나타나면 옷이 망가질 텐데 어쩌나."

이제 몇 가지를 기억할 수 있는지 확인해 보자. 이전과 어떤 차이가 있을까? 나만의 암기 전략이 있는지도 생각해 보자.

잘못된 기억

학교 급식실에 있었는데 한 번도 만난 적 없는 아이가 들어오더니 책가방을 들고 다시 나갔다고 쳐 보자. 주변에 아이들이 꽤 있었는데 다들 같은 것을 보았을까? 아마 그렇지 않을 거야. 누군가는 그 아이가 파란색 상의를 입고 있었다고 하고, 또 누군가는 그 상의가 녹색이었다고 주장하겠지. 그 아이가 안경을 쓰고 있었을까? 모자는?

우리는 모든 것에 주의를 기울일 수는 없기 때문에 눈앞에 무엇이 있는지 항상 알아차리지는 못해. 그래서 무언가를 듣거나 보았다고 생각했지만 실은 그렇지 않을 때가 있어. 가끔은 우리 뇌가 사실이 아닌 것을 기억한다고 여기도록 우리를 속이기도 해!

심리학자들은 이처럼 사람들이 종종 잘못된 기억을 가진다는 사실을

발견했어. 사람들에게 '태양, 바다, 물고기, 모래, 서핑, 수영, 파도, 부두, 게, 배'와 같은 단어 목록을 읽어 준 다음, 5분 뒤에 기억하는 단어를 말라고 했더니 많은 사람이 '해변'이라고 말했어. 목록에 없는 단어잖아! 놀랍지 않니?

> ### 이런 연구!
>
> 심리학자 엘리자베스 로프터스는 실험을 통해 사람들이 절대 일어나지 않은 행위를 목격했다고 믿게 할 수 있다는 것을 보여 주었어. 그녀와 동료들은 우선 사람들에게 차가 정지 신호에서 멈춘 장면을 담은 슬라이드를 보여 주었어. 그런 다음 사람들을 반으로 나누어서 한쪽에는 맞는 진술(차가 '정지 신호'에서 멈추었다.)을, 다른 한쪽에는 틀린 진술(차가 '통행 신호' 앞에서 멈추었다.)을 읽어 주었어. 그리고 나서 모든 사람에게 슬라이드에 대해 물어보았을 때, 잘못된 정보를 들은 사람은 목격한 바를 잘못 말할 가능성이 더 높았어. 다시 말해 기억은 들은 내용에 영향을 받을 수 있어. 따라서 법정에서 증인이 하는 진술도 일부 정보가 누락되거나 잘못된 세부 정보가 추가될 수 있기 때문에 정확하지 않아. 로프터스의 연구는 경찰이 목격자와 대화하는 방법에도 영향을 미쳤어. "피의자가 빨간 셔츠를 입고 있었나요?"라고 단정적으로 질문해서는 안 돼. "그 사람이 무엇을 입고 있었나요?" 이런 식으로 대답할 여지를 열어 두고 질문해야 해. 또, 증인 한 사람 한 사람을 따로 심문해야 해. 그래야 다른 사람들의 증언에 영향을 받지 않아.

우리가 기억하는 내용은 무엇을 걸러 내고 무시하는지, 무엇에 초점을 맞추는지에 따라 달라져. 일단 어떤 정보에 초점을 맞추었다면, 그다음은 기억력을 향상시키기 위한 전략이 필요해. 저장이 잘되게 하는 전략과 필요할 때 쉽게 그 정보를 꺼낼 수 있게 하는 전략이 모두 필요하지.

하지만 우리는 완벽하지 않아. 그래서 우리 대부분의 기억이 가끔은 그렇게 정확하지는 않아.

✓ 정리해 보자

- ✓ 주의 집중은 까다롭다. 어떤 정보에 초점을 맞추려면, 어떤 정보는 걸러내야 한다. 아무도 모든 것에 주의를 기울일 수는 없다!
- ✓ 보고 듣는 모든 것에 주의를 기울일 수 없듯이, 우리는 때때로 기억 오류를 범하기도 한다. 보거나 듣지 않은 것을 보거나 들었다고 생각하는 것이다. 또한 관심이 다른 곳으로 향하면서 무언가를 놓치기도 한다.
- ✓ 뇌는 주변 정보 중 일부만 포착하여 단기 기억에 저장할 수 있다. 이 저장소는 일시적이다. 단기 기억의 정보는 사라지거나 장기 기억으로 이동한다.
- ✓ 단기 기억의 정보가 장기 기억으로 넘어가기 위해서는 뇌가 그 정보를 기억할 수 있는 행동을 취해야 한다. 여기에는 여러 방법이 있다.
- ✓ 정보를 지금 당장 최우선으로 두려면 정신적으로 묘기를 부려야 한다. 즉, 작업 기억이 필요하다.
- ✓ 정보를 외우면 그 정보는 장기 기억으로 이동한다. 효과적인 학습 전략은 자기 자신을 스스로 테스트하고, 자신에게 정보를 설명하거나 이미 알고 있는 것과 연결하는 것이다.
- ✓ 기억이 잘못될 수 있다는 사실은 경찰 업무나 법정에서 문제가 된다.

10장

생각은 어떻게
이루어질까?

결정하거나 판단하거나 질문에 답하거나 행동하기 위해서 우리는 어떤 단계를 거칠까? 먼저 주어진 과제나 질문, 문제를 이해하고, 우리가 가진 지식과 기억을 분류한 뒤에 대안을 떠올리고, 흩어져 있는 정보를 모으고, 어떻게 반응할지 정리해야 할 거야. 이런 단계를 거쳐 우리가 어떤 일이든 해낼 수 있다는 건 경이로운 일이야!

신중하거나 신중하지 않거나

처음 자전거 타는 법을 배울 때는 단계마다 완전히 집중해야 해. 이렇게 한 단계씩 주의를 기울이는 활동을 '통제적 과정'이라고 해. 통제적 과정에는 노력과 인식이 많이 필요해. 하지만 우리가 하는 일 대부분은 이와 달리 자동적으로 이루어져. '자동적 과정'에는 약간의 노력이나 주의만 있으면 돼. 그래서 일단 타는 방법을 배우고 나면 그다음부터는 자전거 타기를 자동적으로 할 수 있어. 하지만 자전거를 타고 가다가 울퉁불퉁하거나 경사가 높아서 어려운 구간을 만나면 그곳을 안전하게 지나기 위해서 다시 통제적 과정을 사용해야 해. 통제적 과정과 자동적 과정은 서로 다른 방식으로 우리를 돕고 있어. 심리학자들은 어떻게 두 과정이 함께 작동하는지에 관심이 있어.

수업이 끝나면 대부분은 하던 대로 자동적으로 가방을 챙길 거야. 하지만 이따금 통제적 과정을 사용하지 않으면 꼭 챙겨야 할 것을 깜빡 잊을지도 몰라. 이때 자기 자신을 잠깐 멈추게 하면 통제적 과정이 다시 시작되어 주의를 기울일 수 있어. 자동적 과정은 중요하고 꼭 필요해. 사소한 일에 모두 주의를 기울이려면 너무 많은 에너지가 들어가서야. 하지만 자동적 과정은 종종 오류로 이어져.

이렇게 한번!

평소처럼 이름을 한번 써 보자. 우리는 이름을 수십 번 반복해서 써 왔기 때문에 거의 자동적으로 쓰게 될 거야. 이제 종이를 뒤집어서 뒷장에 이름을 거꾸로 써 보면 통제적 과정을 관찰할 수 있어. 대부분은 바로 쓸 때보다 거꾸로 쓸 때 한 글자 한 글자에 집중하기 때문이야.

이런 연구!

1930년대에 J. 리들리 스트룹은 한 번에 두 종류의 정보가 들어올 때 생각이 어떻게 흔란스러워지는지에 대한 실험을 했어. 그는 참가자들에게 검은색으로 인쇄된 단어들(빨강, 초록, 파랑, 주황, 노랑)을 읽으라고 했어. 별로 어려운 일은 아니지? 그런 다음, 같은 단어를 단어가 가리키는 색상으로('빨강'은 빨강으로, '초록'은 초록으로 등등) 인쇄해서 빠르게 단어들을 읽어 보라고 했어. 마지막에는 좀 더 까다롭게 단어가 가리키는 색상이 아닌 다른 색으로 인쇄한 단어들을 보여 주었어. 예를 들어 '파랑'이라는 단어를 초록색으로 인쇄한 거야. 그리고 나서 한 번은 단어를 무시하고 색상을 말하라고 하고, 한 번은 색상을 무시하고 단어를 읽으라고 했어. 이렇게 단어와 색상이 일치하지 않자, 사람들이 훨씬 더 어려워했어! 이러한 색상과 단어 사이의 간섭은 '스트룹 효과'로 알려지게 되었어. 이를 통해 어떤 작업을 자동적으로 수행하더라도, 색상과 단어가 일치하지 않으면 작업 속도가 느려지면서 보다 통제된 방식을 취한다는 걸 알게 되었어.

파랑	노랑	파랑	노랑
초록	주황	초록	주황
노랑	파랑	노랑	초록
주황	초록	주황	주황
파랑	노랑	파랑	초록

한 번은 단어 그대로 읽고, 한 번은 가리키는 색상을 말해 보자.

우리에게는 바로 당장 의식 속에 떠오른 상태가 아니더라도 필요할 때 떠올리고 사용할 수 있는 많은 정보가 있어. 이런 걸 '전의식 정보'라고 해. 평소 우리가 팔에 대해 늘 생각하고 있지는 않아. 하지만 방금 이 글을 읽으면서 '팔'이라는 단어를 보고는 실제로 팔에 대해 생각하고 감지할 수 있지. 심리학자들은 프라이밍(priming, 점화)을 통해 전의식 과정을 연구하는데, 프라이밍은 인지하지 못한 힌트 같은 거야. 예를 들어 친구가 조금 전에 휴가지에서 본 야자수(palm tree)에 대하여 말했어. 얼마 뒤에 어디선가 손바닥(palm of hand)이라는 단어가 들리면 너는 갑자기 야자수를 떠올릴 수도 있어.

프라이밍은 전혀 인식하지 못하는 경우에도 일어나. 캐서린 디프로즈의 연구팀은 수술하는 동안 마취되어 있는 상태의 환자들에게 특정 단어들을 녹음해서 들려주었어. 환자들은 마취에서 깨어난 뒤에 어떤 단어들을 들었는지 알지 못했지만, 단어의 첫 부분을 들었을 때 마취되어 있는 동안 들었던 단어를 말할 가능성이 높았어. 이처럼 우리 정신은 때때로 우리가 알지 못하는 사이에도 정보를 받아들이는 것 같아.

선택, 또 선택

우리는 매일 많은 결정을 내리고 있어. 특히 심리학자들이 연구하는 대상은 '합리적이지 않은 선택'이야. 예를 들면 값이 더 비싸지만 단지 색상 때문에 그 물건을 사고 싶었던 적이 있지 않니? 이처럼 사람들이 이치에 맞지 않는 결정을 내릴 때 어떻게 해서 그런 선택을 하는지를 알아보는 거야. 결정을 내릴 때 우리가 고려해야 할 정보는 아주 많아. 그래서 사람들은 머릿속 지름길을 택하곤 해. 이걸 '휴리스틱'이라고 하는데, 의사 결정 과정을 단순하게 만드는 거야.

1950년대에 허버트 사이먼은 휴리스틱을 '만족화(만족스러움+충분함)'라고 설명했어. 그는 사람들이 충분하다고 느끼는 선택을 할 때까지 모든 대안이 아니라 가능한 대안만을 탐색한다는 것을 보여 주었어. 기차가 출발하기 직전에 역의 편의점에서 간식을 고를 때처럼 급하게 선택을 해야 한다면 '만족화'가 크게 도움이 돼. 진열되어 있는 간식을 보면서 '아니, 이 과자는 아니야. 그 사탕은 너무 끈적끈적해. 음, 쿠키가 좋겠군. 내가 가장 좋아하는 종류는 아니지만 이 정도면 괜찮겠어.'라고 하는 거야. 설사 시간이 충분하더라도 가장 좋은 선택을 하기 위하여 모든 선택 사항을 일일이 검토한다고 해서 행복해지지는 않아. 실제로는 '적당히' 좋은 정도면 충분히 좋은 거야.

일반적으로 사용되는 또 다른 휴리스틱은 가용성 휴리스틱이야. 쉽게 떠오르는 것에 근거하여 결정하고 판단할 때 발생하는 정신적 지름길을 말해. 이 휴리스틱은 유용해. 흐리고 어두운 날에 비가 내려서 흠뻑 젖은 적이 있고, 오늘 날씨가 흐리고 어둡다면 과거의 경험이 떠올라서 우산을 챙겨서 나가겠지? 하지만 가용성 휴리스틱이 우리를 속일 수도 있어. 예를 들어 온라인에서 친구들의 휴가 사진을 보았을 때 사진들이 생각을 빼곡히 채워서 다들 여행을 가서 즐기고 있는데 나만 그렇지 않다고 결론을 내려 버리는 거야.

생각의 함정

놀랍게도 우리는 다양한 방식으로 생각의 오류에 빠질 수 있어. '삼단논법'이라는 추론의 예시를 살펴보자.

> 모든 자동차에는 바퀴가 있다.
> 나는 차를 타고 있다.
> 그러므로 내가 타고 있는 차에는 바퀴가 있다.

이 경우, 결론은 사실이야. 하지만 어떤 경우는 삼단논법의 결론은 명백한 거짓이야. 다음을 보자.

> 어린이는 모두 노는 것을 좋아한다.

영희는 노는 것을 좋아한다.

그러므로 영희는 어린이다.

참일까? 그렇지 않아. 영희는 어린이가 아니라 성인일 수도 있지.

심리학에서는 사람들이 정보를 통해 생각하는 방식을 연구하고 있어. 옳은 결론 혹은 틀린 결론에 도달하게 하는 사고 과정은 무엇일까? 생각의 함정에는 여러 가지 종류가 있어. 이들은 보통 자동적인 사고로 발전하는 경향이 있지. 특정 상황에서 마치 습관처럼 그런 식으로 생각하게되는 거야. 한 연구팀은 어린이와 청소년의 불안을 키우는 중요한 생각의 오류로 다음 세 가지를 꼽았어.

- **다른 사람의 생각을 안다고 추측한다.**
  "아바 아이들이 나를 비웃고 있을 거야."
- **자신이 감당할 수 없다고 생각한다.**
  "나는 절대 새 학교에 적응하지도, 친구들을 사귀지도 못할 거야."
- **하나의 예시를 두고 그것이 영원히 계속되거나 반복해서 일어날 거라고 생각한다.**
  "이런 점수를 받다니, 난 정말 멍청해."

이런 생각은 우리가 얼마나 똑똑한지와는 거의 관련이 없어. 모두 잘못된 사고방식의 예시일 뿐이야. 생각의 지름길이 과장된 결론으로 이끌었다고 봐야 해. 하지만 이런 식의 결론이 바뀌지 않고 계속되면 우리는 자

기 자신에 대한 부정적인 생각을 그대로 믿게 돼.

또 다른 종류의 생각의 함정이 있어. 우리는 자신이 한 일을 기분 좋은 쪽으로 바꾸려는 하는 경향이 있어. 예를 들어 네가 며칠 전에 티셔츠를 샀다고 쳐 보자. 그런데 오늘 게임기를 사려고 모아 둔 돈이 부족하다는 사실을 알게 되었어. 이런 경우에 너의 행동(티셔츠를 샀다.)은 이전에 갖고 있던 태도(게임기를 사고 싶다.)와 충돌하게 돼. 이처럼 생각과 행동 사이에 갈등이 생기는 것을 '인지 부조화'라고 불러. 사람들은 대부분 생각을 바꿔서 이러한 불협화음을 해결하려고 해. '사실 나는 그 게임기를 별로 사고 싶지 않았어.'라는 식으로 말이야. 인지 부조화는 1957년에 레온 페스팅거가 제시한 개념으로, 페스팅거와 다른 심리학자들은 사람들이 이러한 생각의 함정에 빠진다는 것을 증명하는 많은 연구를 했어.

이런 사실!

광고는 인지 부조화에 의존해! 소비자는 지금 당장 제품이 필요하지 않거나 가치가 없다고 느끼면 제품을 사지 않아. 그래서 광고를 만드는 사람은 소비자로 하여금 그 물건이 필요하고 그만한 가치가 있다고 느끼게 해야만 해. 이로 인해 기존과 다른 새로운 믿음이 생기면 결국 우리는 그 생각과 일치하는 행동을 하기 위해 물건을 살 가능성이 높아져.

우리가 어떻게 생각하는지, 우리 생각이 어떻게 지름길을 택하는지 잘 이해할수록 판단의 오류나 자신에 대한 부정적인 생각으로부터 스스로를 안전하게 지킬 수 있어. 심리학 연구는 우리의 사고 과정을 밝히려고 하는데, 이는 우리가 더 명확하게 생각하고 올바른 선택을 하여 행동할 수 있도록 돕기 위한 거야.

√ 정리해 보자

- √ 사람은 각기 다른 양의 정신 에너지를 사용하는 여러 활동을 할 수 있다. 일부는 직접적인 주의나 노력 없이 자동적으로 발생하고, 일부는 좀 더 즉각적인 자원이나 주의 집중, 생각을 사용하여 통제된다.
- √ 어떤 것에 많이 익숙해지면 그와 충돌하는 새로운 정보를 처리하기가 어렵게 된다.
- √ 우리 정신은 의식하지 않고 정보를 받아들인다. 한 번에 모든 것을 떠올릴 수 없기 때문에 그 정보는 우리 의식 밖에 저장되지만, 필요할 때 불러올 수 있다.
- √ 우리는 결정을 내리기 위해 다양한 생각의 지름길을 사용한다. 결정을 잘 내리는 경우도 있지만, 잘못된 판단에 근거하여 옳지 않은 결정을 하는 경우도 있다.
- √ 생각의 함정, 즉 오류에는 여러 종류가 있다. 몇몇은 잘못된 논리를 받아들인 것이고, 몇몇은 자신에 대한 부정적인 결론이며, 몇몇은 별로 도움이 되지 않는 방식으로 해결하려고 애쓰는 정신적 갈등이다.

성장하면서 어떤 변화를 겪을까?

아기였을 때의 사진이나 영상을 보면 어떤 생각이 드니? 목도 잘 가누지 못했던 작은 아기가 자라서 강하고 독립적이고 똑똑한 오늘날의 네가 되기까지, 그 모든 변화를 생각하면 정말 놀라워! 너는 여전히 성장하고 있어. 모든 아기나 어린이는 어떤 변화를 겪을까? 어떤 과정을 거쳐 각자 자신만의 개성을 가진 어른으로 성장하는 걸까? 이것이 아동 발달에 관심이 있는 심리학자들이 던지고 연구하는 질문이야.

신생아는 많은 일을 한다

어떤 사람들은 아기가 완전히 무력하게 태어나 주변 세계에 의해 모습을 갖춰 가는 존재라고 생각해. 하지만 심리학 연구에 따르면 아기는 주변 환경에서 배우고, 보호자나 다른 사람들과 수월하게 의사소통을 하는 등 많은 능력을 가지고 있어. 아기가 우는 이유 중 하나는 주변 사람들에게 무언가가 필요하다고 표현하기 위해서야. 아기의 울음소리를 무시하기란 어렵기 때문에 어른들은 재빨리 아기를 도우러 오거든! 전 세계 여러 지역의 엄마와 5개월 된 아기를 대상으로 한 연구에서, 엄마는 아기의 울음소리를 듣고 평균 5초 이내에 반응하여 아기를 안거나 말을 걸었어.

아기를 연구할 때 심리학자들이 아기에게 어떤 경험을 했냐고 직접 물어볼 수는 없어. 당연하게도 말이야. 그래서 아기의 마음에서 무슨 일이 일어나고 있는지 알아내려면 영리한 수를 써야 해. 예를 들어 아기의 표정을 살펴서 아기가 어떤 맛을 좋아하는지 알아보는 거야. 아기들은 태어날 때부터 모유의 달콤한 맛을 좋아한다고 하는데, 이는 좋은 생존 전략이 될 수 있어. 하지만 다행히 특별한 종류의 분유를 먹어야 하는 경우에도 아기는 적응할 수 있어. 처음에는 좋아하지 않아도 곧 익숙해지거든.

후각도 아기를 도울 수 있다고 해! 아기가 보호자와 유대감을 형성하는 데 냄새가 도움이 된다는 사실이 밝혀졌어.

아기는 태어날 때부터 울음으로 의사소통을 할 수 있지만, 말하기처럼 발전된 의사소통 기술을 발달시키기 위해서는 잘 들을 수 있는 능력이 필요해. 하지만 아기가 듣고 있는지 어떻게 알 수 있을까? 신생아의 청력을 테스트하기 위해서는 특수한 장비로 신생아의 뇌가 소리에 반응하는지 여부를 측정해. 몇 개월 더 자란 뒤에는 청력을 확인하기 위해 머리나 눈을 소리가 나는 쪽으로 움직이는지를 확인하지.

아기는 가족이 말하는 언어를 듣고 낯선 말소리를 인식할 줄도 알아. 또, 자신을 돌봐주는 사람의 목소리를 가장 좋아해. 그리고 높은 톤의 목소리를 더 좋아한다고 해. 심리학자들은 이런 연구 결과를 통해 아기가 태어날 때 언어를 배울 준비가 되어 있다고 생각하게 되었어.

까꿍!

아기들은 사람의 얼굴을 보고 표정을 알아볼 수 있어. 단, 아주 가까운 거리에서만 가능해. 태어날 때는 색을 보는 능력이 발달하지 않아 사물이 약간 흐릿해 보이지만, 몇 달이 지나면 더 명확하게 볼 수 있어. 안구 근육이 발달하면서 점차 물체에 초점을 맞추고 색을 보는 데 더 능숙해지지. 스스로 움직이기 시작하면 시각적으로 더 많은 것을 배울 수 있게 돼.

1960년에 엘레노아 깁슨과 리처드 워크는 실험을 위해 중간에 가파른 절벽이 있는 상자를 만들었어. 상자 위쪽은 유리로 되어 있어 안전했지만, 투명하기 때문에 여전히 절벽처럼 보였어. 연구자들은 이를 '시각 벼랑'이라고 불렀어. 상자 위에 아기를 두고 기어가도록 부모가 격려했을 때, 이제 막 기기 시작한 아기들은 곧장 건너갔어. 하지만 집에서 얼마간 기어 다니던 아기들은 떨어질 것 같은 부분 언저리에서 멈췄어. 연구자들은 아기가 기어가기 시작할 무렵에 깊이를 인지하는 능력이 발달한다는 결론을 내렸어. 이후의 연구에 따르면 실제로 아기는 생후 3개월 동안은 깊이를 인지할 수 있지만, 푹 파인 곳에서 떨어지는 일이 가능하다는 사실은 기어가는 경험이 있어야만 깨닫는다고 해.

사랑하는 능력을 타고난다

유아는 보호자와 유대감을 형성하는데 적합한 능력을 가지고 있어. 1960년대 후반에 영국의 심리학자 존 볼비는 부모나 다른 보호자와 아이 사이의 긴밀한 유대감에 대해 설명했어. 그에 따르면 애착 형성은 어린 시절뿐 아니라 평생에 걸쳐 아이들에게 영향을 미칠 수 있어. 그 당시에는 부모가 병원에 있어야 하는 아이들과 함께 머물지 않았어. 볼비는 병원에 남겨진 아이들이 속상해하고 화를 내는 것을 보았어. 그는 자녀가 부모와 떨어져 있을 때 경험하는 두려움을 설명하기 위하여 '분리 불안'이라는 용어를 사용했어. 볼비의 연구는 주 간병인이 자녀와 함께 있을 수 있도록 병원 규칙을 변경하는 데 핵심적인 역할을 했어.

볼비의 연구팀에 있었던 메리 에인스워스는 부모와 자식간의 유대를 측정하는 방법을 개발했는데, 이 방법은 오늘날에도 여전히 연구에 사용되고 있어.

이런 연구!

1970년 메리 에인스워스와 실비아 벨은 실험실의 작은 방에 어머니와 한 살짜리 아기를 데려왔어. 방에는 3개의 의자가 있었는데, 한 의자 위에는 장난감을 쌓아 놓고, 다른 한 의자에는 어머니가 앉고, 아기는 바닥 한가운데에 있게 했지. 아기가 딱히 관심을 끌려고 하지 않는 한 엄마는 그저 조용히 앉아 있었어. 3분 후 낯선 여성이 방에 들어와 빈 의자에 조용히 앉아 1분 정도 어머니와 이야기를 나눴어. 그런 다음 그 여성은 장난감 쪽으로 아기의 관심을 돌리려 하고, 그때 어머니가 방을 나갔어. 그런 식으로

몇 번의 짧은 이별과 재회가 이어졌지. 대부분의 경우에 아기는 엄마가 방에 있는 한 장난감을 가지고 노는 것을 좋아했어. 그리고 아기는 방으로 돌아온 어머니를 다양한 방법으로 맞이했는데, 이는 부모 자식간의 유대에 대한 정보를 제공했어. 대부분의 아기는 방으로 돌아온 엄마에게로 즉시 다가갔고, 이 경우에는 엄마와 아기가 밀접한 유대 관계(안정 애착)를 유지하고 있는 것으로 여겨졌어. 하지만 일부 아기는 엄마가 방을 떠난 뒤에 좀처럼 진정되지 않았어(불안정-저항 애착). 또 다른 일부 아기는 엄마가 돌아와도 무시했지(불안정-회피 애착). 이 실험은 양육자가 어린이와 건강하고 안전한 관계를 맺으려면 어떻게 해야 하는지 연구하는 기반을 마련했어. 지금은 부모가 없는 아이를 위한 시설이나 입양 기관, 어린이 병원에서도 영유아가 주 양육자와 안정적인 애착을 가질 수 있도록 돕고 있지.

태어날 때부터 다르다

우리는 다른 사람과 주변 환경에 반응하는 각자의 특정한 스타일을 가지고 태어나는 것 같아. 아기는 태어날 때부터 느긋한 성격에서부터 까다롭고 예민한 성격까지 서로 다른 기질을 가지고 있어. 1970년대에 처음 이에 대한 연구를 진행할 때 연구자들은 부모가 작성한 설문지에만 의존해야 했어. 아이가 얼마나 쉽게 화를 내는지, 얼마나 활동적이고 주의가 산만한지, 일상생활이 얼마나 규칙적인지 등을 묻는 설문지였어. 그러다 나중에는 아기가 실험실이나 집에서 어떻게 반응하는지 연구하는 다른 방법을 개발했어. 예를 들어 익숙하지 않은 광경과 소리에 대한 반응으로 얼마나 쉽게 화나 짜증을 내는지를 관찰했어. 때로는 부정적인 반응을 보이는 뇌 부분을 관찰하기 위해 아기의 뇌파를 측정하기도 했어. 이러한 다양한 연구를 통해 유아기부터 취학 전 연령까지 아이의 기질은 거의 동일한 것으로 밝혀졌어.

약 10퍼센트의 영유아는 소음과 소리에 강하게 반응했고 보통의 경우보다 까다로웠는데, 이 그룹은 취학 전까지 성장하면서 낯선 환경에서 불편해할 가능성이 높았어. 다행스러운 건, 어른이나 다른 아이들의 도움으로 바뀔 수 있다는 거야. 아주 예민하거나 자주 흥분하거나 쉽게 화를 내는 아이도 침착함을 유지하고 잘 지내는 법을 배울 수 있어.

영유아와 아동의 사고 과정

1960년대에 프랑스의 심리학자 장 피아제는 자신의 아이들을 관찰하여 아이들의 생각과 지식에 대해 알아보았어. 아이들이 자라면서 생각하는 방식이 어떻게 달라지는지를 설명하려고 했지. 그의 이론에서 가장 흥미로운 부분 중 하나는 아기와 어린이가 물건을 사용하고 이해하는 방법에 대한 설명이야. 태어난 지 얼마 안 된 아기는 손가락을 빨거나 다리를 차는 등 자신의 몸을 사용하는 행동을 반복하는 경향이 있어. 그런 다음에는 컵을 두드리는 것처럼 물건을 사용하는 것으로 넘어가서, 만 1세가 되면 물건에 관심이 부쩍 많아지고 멀리 있는 장난감에 닿으려고 담요를 끌어당길 수도 있게 돼.

피아제는 실험을 통하여 '대상 영속성'에 대하여 발견했어. 생후 약 8~9개월의 아기들은 어떤 물체가 시야에서 사라졌다고 해서(예를 들어 그

위에 담요를 덮어서) 존재 자체가 사라진 건 아니라는 사실을 이해하는 듯했어. 아기가 이해한 그 사실을 '대상 영속성'이라고 불러. 아기는 처음에 대상이 사라져도 여전히 존재한다는 것을 깨닫지 못하지만, 이후에는 시야에서 멀어져도 대상이 계속 존재한다는 것을 인식했어. 이후의 심리학자들은 생후 4개월 정도가 되면 벌써 대상 영속성이 발달한다는 것을 발견했어. 시기에 대해서는 틀렸지만, 대상 영속성에 대한 발견 자체는 옳은 것이었어.

이런 사실!

전 세계 어디에서든 까꿍 놀이를 한다는 사실! 처음에 아기들은 놀이를 할 때 가렸던 얼굴이 다시 시야에 들어오면 놀라워해. 그러다가 좀 더 지나서 가렸던 얼굴이 다시 나타날 거라는 걸 알고는 재미있어하지. 더 나중에는 자신도 얼굴을 숨기는 사람이 되고 싶어 해. 연령대가 저마다 다른 아기들과 함께 까꿍 놀이를 하면 대상 영속성이 어떻게 발달하는지를 알 수 있어.

레프 비고츠키는 어린이의 발달에 있어 사회적 세계를 강조한 유명한 심리학자야. 비고츠키의 연구에 따르면 어린아이들은 다른 사람들이 생각하거나 느끼는 것을 인식하는 능력을 가졌다고 해. 이는 '마음 이론'으로 알려졌어. 세 살짜리 아이는 모든 사람이 자신처럼 생각한다고 여기지만, 4~5세가 되면 다른 사람들이 자신과 다르게 생각할 수 있다는 것을 깨닫게 돼. 이러한 발달은 '자기 자신의 생각'에 대해 생각하여 다른 사람의 생각과 감정을 식별할 수 있는 토대가 되는데, 바로 이것이 공감의 시작이야.

　태어나서 취학 전 시기까지 아이들이 얼마나 많은 것을 익히며 앞으로의 중요한 학습에 대비하는지를 떠올리면 경이로울 정도야. 아이들은 학교에 들어가기 전에도 이미 물리적 세계가 어떻게 작동하는지를 알며, 언어에 대해, 또 다른 사람들에 대해 많은 것을 알고 있어. 발달의 각 단계는 아이들이 자신과 주변 세계에 대해 배운 이전 단계를 기반으로 형성돼.

✓ 정리해 보자

- ✓ 심리학자들은 다양한 방법을 사용하여 영유아의 기본적인 감각을 이해하고, 그 감각이 보호자와 유대감을 형성하는 데 어떻게 도움이 되는지 보여 준다.
- ✓ 기술과 능력은 함께 발달한다. 예를 들어 아래로 떨어질 수도 있는 장소를 알아보는 능력은 주변을 돌아다녔던 경험에 달려 있다.
- ✓ 보호자와 아이가 형성한 애착은 가까이에 있을 때는 아이에게 안정감을 주고, 떨어져 있을 때는 불안감을 준다.
- ✓ 우리는 태어날 때부터 이미 얼마나 원만하고 느긋한지에서 차이가 난다. 까다로운 기질을 가진 아이는 초반에 어려운 경험을 할 수 있지만, 부모와 교사의 도움으로 더 편안해질 수 있다.
- ✓ 영유아기와 아동기를 거치면서 우리는 더 이상 보이지 않더라도 대상이 여전히 존재한다는 것과 다른 사람도 자신의 생각과 감정을 가지고 있음을 알게 된다.

5부

감정을
이해하기

감정은
어떻게 생길까?

방금 친한 친구가 멀리 이사 간다는 소식을 들었다면 어떤 느낌이 들까? 아마 '슬프다'일 거야. '슬픔'이 감정이라는 건 누구나 알 수 있어. 하지만 '슬프다'는 게 대체 무슨 뜻일까? 우리는 스스로 슬프다는 느낌을 알아챌 수 있어. 일단 몸으로 느끼지. 목이 꽉 조이는 것 같고 배가 아프고 표정도 일그러질 거야. 슬픔이 거세지면 울음도 터지겠지. 그간 친구와 함께 보냈던 즐거운 시간을 떠올리고, 친구가 얼마나 그리울지 생각하게 될 거야.

감정은 복잡해. 그리고 여러 부분으로 이루어져 있어. 처음에 '중요한 일이 생겼구나.' 한 다음, 몸에 변화가 일어나면서 무슨 일이 생겼는지, 이 일이 무엇을 뜻하는지를 생각하는 모든 과정이 합쳐진 게 '감정'이야.

감정은 어디서든 똑같을까?

처음에 심리학자들은 사람들이 경험을 통하여 감정을 발전시킨다고 생각했어. 이런 추측이 맞다면 특정 문화의 사람들은 우리와 다른 감정을 가졌다고 봐야 해. 그들의 경험은 우리와 다를 테니까 말이야. 하지만 이건 사실이 아닌 것 같아. 서로 다르거나 낯선 문화를 가진 사람들일지라도 전 세계 모든 사람이 어떤 표정을 보고는 어떤 감정을 나타내는지 쉽게 읽어 낼 수 있어. 감정에 따라 나타나는 신체적 반응도 전 세계 사람들에게 공통적으로 나타나는 것이야. 물론 몇몇 심리학자들은 감정에 따라 얼굴에 나타나는 표현(예를 들면 웃음)이 정말로 보편적인지에 대하여 의구심을 품기도 해. 하지만 이러한 표현이나 감정이 인간의 생물학을 토대로 한다는 사실이 여러 연구에 의해 밝혀졌어.

심리학자 폴 에크만과 그의 동료들은 서로 다른 감정들을 표현하는 데 쓰이는 얼굴의 많은 근육을 조사하여 세밀하게 나타냈어. TV도 없고, 외부인과의 접촉도 거의 없는 오스트레일리아 북쪽 뉴기니의 외딴 섬으로 가서 그곳에 사는 사람들의 영상을 담아 온 다음 그들의 표정을 분석하자, 미국인이 감정을 표현할 때와 똑같이 얼굴을 움직인다는 결과가 나왔어. 서로 접촉이 없는 다른 문화의 사람들도 감정을 표현하기 위해 같은 방식으로 똑같은 얼굴 근육을 사용한다는 뜻이야.

얼마나 많은 감정이 존재할까?

우리가 느끼는 기본적인 감정이 몇이나 되는지를 두고 그간 심리학자들은 논의를 거듭해 왔어. 폴 에크만은 자신의 연구를 통하여 슬픔, 두려움, 화, 혐오, 놀람, 행복 이렇게 여섯 가지 감정을 제안하고, 나중에는 여기에 어색함, 흥분감, 경멸, 수치심, 자부심, 만족감, 즐거움을 추가했어. 하지만 추가한 감정들의 경우 누구에게나 해당하는 보편적인 것이라는 증거는 명확하지 않아.

부정적인 감정은 없애야 할까?

보통은 감정을 긍정적인 것과 부정적인 것으로 나누어서 생각하지만 실제로 사람들이 아는 건, 어떤 감정은 기분이 좋고(행복처럼), 어떤 감정은 기분이 나쁘다는(슬픔처럼) 거야. 우리의 감정이 항상 우리를 기분 좋게 하지는 않아. 마음에 들지 않는 감정도 있고, 실제로 몇몇 감정들은 다루기가 무척 힘들지. 하지만 우리에게는 어떤 감정이든 다 필요해. 감정은 중요한 알림 시스템이기 때문이야. 이 시스템은 세상에 무엇이 있는지 우리가 빠르게 감지할 수 있게 해 줘. 살면서 때때로 우리는 무언가로부터 자신을 보호해야 하고('두려움' 신호에 따라), 맞서서 방어할 준비를 해야 하며('화' 신호에 따라), 피하거나('혐오' 신호에 따라), 주의를 기울이거나('놀람' 신호에 따라), 더 많이 추구해야('행복' 신호에 따라) 하기도 해. 만약 '부정적'이라 불리는 감정들이 없다면 우리에게 많은 문제가 생길 거야.

메시지를 받으면 몸이 떨리기 시작한다.

감정을 일종의 신호라고 했지만 그렇다고 해서 신호등을 보듯이 신호를 읽고 그냥 넘어갈 수 있다는 뜻은 아니야. 우리 몸은 그 신호에 반응해. 때로는 아주 격렬하게! 어떤 반응은 명료해. 행복한 일이 있을 때는 웃음을 터뜨리거나 미소를 짓고, 놀라면 펄쩍 튀어 오르고, 화가 나면 얼굴이 벌게지지.

그런데 보이는 게 다가 아니라서, 우리가 아는 것 외에도 우리 몸은 감정이 일어날 때 조용하게 내부의 변화를 겪게 돼. 두려움을 느끼면 심장이 빠르게 뛰고 혈관이 넓어지며 호흡이 더 빨라지고 동공이 팽창해. 또한 '간'에서는 혈류에 당분을 내보내며, 적혈구가 더 많이 생성되기 시작해. 이런 걸 '투쟁-도피 반응'이라고 하는데, 우리 몸이 위험에 직면했을 때 대처하려고 대기하는 상태를 뜻하는 말이야.

감정 읽기

우리는 다른 사람의 감정적인 반응을 어떻게 알 수 있을까? 또, 자신의 감정을 다른 사람에게 어떻게 표현해야 할까? 일단 사람들은 언어를 사용하여 감정을 전달해. 하지만 아기는 말을 할 수 없어도 감정이 상했을 때 다른 사람이 알아차리도록 능숙하게 표현할 수 있어. 이처럼 우리는 다른 사람의 모습이나 행동 등을 관찰하여 감정을 '읽을' 수 있는데, 이런 감정의 징후를 '비언어적 단서'라고 해.

아래처럼 보이는 누군가가 있을 때 대부분의 사람들은 이 사람이 직접 말하지 않아도 화가 났다는 걸 알 수 있어. 표정이나 보디랭귀지(몸짓언어)를 보고는 감정을 이해하는 거야.

날카롭게
치솟은
눈썹

긴장한 듯
꼭 다문 입술과
찌푸린 표정

허리
근처에
올린 두 손

이런 연구!

최근까지 심리학자들은 눈동자의 움직임이나 보디랭귀지를 보고 거짓말하는 사람을 가려낼 수 있다고 생각했어. 하지만 연구에 따르면 이런 단서들이 그다지 신뢰할 만한 건 못 된다고 해. 심리학자 카소와 팔레나는 연구를 통하여 사람들에게 했던 이야기를 다시 해 보라고 하고 바뀌는 부분이 있는지를 살피면 거짓말에 대한 믿을 만한 단서가 된다는 걸 밝혀냈어. 이야기를 하면서 세부 사항을 놓친다면 그 이야기는 방금 지어낸 것일 수도 있지. 그러니 거짓말을 가려내고 싶다면 눈동자나 보디랭귀지 같은 비언어적 단서를 찾기보다는 그 사람이 말하는 내용에 귀를 바싹 기울이고 주의 깊게 듣는 편이 더 도움이 될 거야.

이런 연구!

재미있는 농담은 우리를 웃게 해. 농담을 들은 다음에는 하하하 웃음이 터져. 그렇지? 이에 대한 흥미로운 연구가 있어. 심리학자 프리츠 슈트라크, 레너드 마틴, 자비네 스테퍼의 연구에 따르면 이미 웃고 있는 상태에서 농담을 들으면 더 재미있게 느껴진대. 이 연구에서는 사람들을 두 집단으로 나눠서 한 집단에게는 웃는 표정이 되게끔 이빨 사이에 길게 연필을 물고 있으라고 하고, 다른 집단에게는 입술을 오무린 채 연필의 뭉툭한 쪽을 물고 있으라고 했어. 뽀로통한 표정처럼 느껴지도록 말이야. 그러고 나서 똑같은 만화를 보여 주었더니 입술의 모양에 따라 그 만화를 얼마나 재미있게 생각하는지가 달라졌어!

다른 사람의 감정을 그려 낼 수 있을까?

이에 대한 대답이 '그렇다.'라면 놀랄지도 몰라. 어떤 연구에 따르면 사람들은 다른 사람의 비언어적 단서를 인지했을 때 미처 깨닫지도 못한 채 무의식적으로 그것을 따라 한다고 해. 이러한 과정을 '무의식적 모방' 혹은 '미러링 효과(거울 효과, 동조 효과)'라고 불러. 그리고 일단 우리가 어떤 표정을 지으면 감정은 그 표정을 따라가는 것 같아. 우리가 다른 사람의 감정에 공감할 수 있는 건 이와 같은 무의식적 모방 덕분이야.

신호를 어떻게 이해하느냐에 따라

어떤 사람이 저 높이 아슬아슬한 곳에서 떨어질 위기에 처해 있다고 상상해 보자. 그 사람을 보는 순간, 너는 심장이 쿵쿵 뛰고 호흡이 빨라질 거야. 네가 느끼는 두려움이 지금 당장 뭔가 해야 한다고 알려 주고 있어.

하지만 감정은 이러한 감정적 신호와 신체적 반응을 어떻게 이해하느냐에 영향을 크게 받아. 위기에 처한 사람 이야기를 다시 해 보자면, 이번에는 서커스를 보러 간 상황이야. 줄타기 곡예사를 목격한 네 눈이 뇌로 정보를 전달하면 뇌는 몸에 경고 신호를 내릴 거야. 하지만 너는 이 상황이 그저 퍼포먼스라는 걸 이해하고는 신나고 행복한 감정을 느꼈어. 그래서 도움을 청하러 가기는커녕 크게 박수를 치거나 더 잘 보이는 자리로 옮기려 할지도 몰라.

공포 영화를 보거나 유령의 집으로 들어가는 사람들은 비명을 지를 뻔히 알면서도 굳이 왜 그렇게 하는 걸까? 그건 우리가 공포와 짜릿함을 섞고는 그게 재미있다고 여기기 때문이야! 귀신이든 괴물이든 범죄든 뭔가에 위협을 당한 뒤에 다시 안전하다는 걸 깨닫는 과정에서 굉장한 만족감을 느껴서이기도 해.

생각을 바꾸면

경험에 대하여 어떻게 생각하느냐가 무엇을 느낄지를 정한다면, 생각이 감정에 영향을 미친다고 보아도 될까? 답은 '그렇다.'야. 어떤 일에 대한 너의 첫 반응이 '유익하다'기보다는 화나 걱정뿐이라면, 또 기대만큼 별로 즐겁지 않다면 생각할 시간을 가지고 이 상황에 대하여 이해하려고 해 봐. 예를 들어 친구가 네 공책을 빼앗아서 달아났다면, 네 안의 신호 체계가 빠르게 놀라움이나 화를 불러올 거야. 하지만 조금 뒤에 친구들이 웃고 있는 모습을 보면 '아하, 지금 장난치는 중이구나.' 하고 이해할 수 있어. 그래도 짜증이 좀 날지 모르지만, 화가 엄청 많이 나지는 않을 거야. 어쩌면 같이 웃지 않을까?

우리는 가끔 별로 도움이 안 되는 방향으로 생각하는 습관에 빠지곤 해. 이러한 생각은 보통 우리 의지와 상관없이 자동적으로 일어나고, 과거의 기억이나 경험을 토대로 하는 경우가 많아. 하지만 그 경험을 이해하는 방식이 바뀌면 지금의 반응도 바뀔 수 있어. '내가 이런 생각 습관을 가졌구나.' 하고 알아차린다면 이러한 생각을 덜 고통스러운 것으로 바꾸려고 노력할 수 있어. 물론 생각을 바꾸는 게 쉽지는 않지. 하지만 연습을 통하여 비이성적인 생각을 더 합리적이고 정확한 것으로 바꿀 수 있어.

누구나 감정을 가지지만 그 감정을 어떻게 받아들이고 생각하느냐는 저마다 달라. 그에 따라 다르게 느끼고 반응하게 돼.

여러 연구에 의하여 전 세계 모든 사람이 기본적으로는 똑같은 감정을 경험한다는 사실이 밝혀졌어. 이러한 사실은 살아가면서 겪는 경험을 이해하거나 다른 사람들을 이해하는 데 있어 중요한 역할을 해. 감정은 우리 몸의 느낌이나 생각과 매우 가깝게 연결되어 있어.

√ 정리해 보자

√ 여러 연구에 따르면 모든 인간은 똑같은 기본적인 감정들을 가진다.

√ 부정적이라고 여겨지는 감정들은 사실 우리의 안전과 편안하고 행복한 삶에 무척 중요하다.

√ 우리는 다른 사람의 감정적인 표현을 모방하는 경향이 있다. 스스로 깨닫지 못해도 그렇다. 거울 효과는 다른 사람에게 공감할 수 있게 한다.

√ 감정과 몸은 매우 밀접하게 연결되어 있다. 우리 몸은 감정에 반응한다. 몸에 변화를 주면 대상에 대한 느낌도 바꿀 수 있다.

√ 느낌은 생각과도 밀접하게 연결되어 있다. 주변에서 무슨 일이 일어나는지 어떻게 반응할지 판단하려고 할 때 감정이 생각을 촉발하는 계기가 된다. 어떤 사건에 대한 생각이 그 사건을 어떻게 느끼느냐를 바꿀 수 있다.

무엇이 동기를 부여할까?

매일 학교에 가고 주어진 과제를 해내며 시험에서 좋은 성적을 거두려고 최선을 다해 공부하는 이유가 무엇일까? 배움 그 자체를 즐기거나 지식을 더 늘리고 싶어서일 수도 있어. 선생님이나 부모님을 자랑스럽게 하기 위해서거나 친구들과의 경쟁에서 이기고 싶어서일 수도 있어. 아니면 이 모든 것의 영향을 조금씩 받아서일 수도 있지.

어떤 일을 그 자체로 정말로 하고 싶을 때 '내적 동기'가 있다고 표현해. 하지만 우리는 보상을 받거나 다른 사람을 기쁘게 하거나 처벌이나 나쁜 결과를 피하려고 그 일을 하기도 해. 이러한 경우는 '외적 동기'를 가진다고 표현해.

동물과 비슷하다

내적 동기에는 여러 종류가 있어. 사람은 포유류로서 다른 동물과 생물학적 동기를 많이 공유하고 있어. 생물학적 요구가 충족되지 않으면 우리 몸은 어서 조치를 취하라는 신호를 뇌에 보내. 그래서 먹지 않으면 배고픔을 느끼고 몸에 수분이 부족하면 갈증이 나. 이러한 동기가 우리를 밀어붙여서 우리가 행동하게 만들지. 휴식을 취하고 극심한 추위를 피하려는 생물학적 요구를 가졌기 때문에 잠을 자고 따뜻하게 지낼 조용한 은신처를 찾는 행동을 하게 돼. 생존에 필요한 이러한 기본적인 요구 사항은 우리에게 강력한 동기로 작용해.

재미있어서 한다

하지만 사람은 본질적으로 생물학적 요구 이상의 무언가에 의해 동기를 부여받아. 새로운 경험을 하고 싶고 재미를 느끼고 싶은 열망 또한 강한 동기 부여가 될 수 있어. 심리적 동기에는 재미와 흥분이 있는데, 그렇게

까지 많이는 아니고 '적당히'야. 우리 모두에게는 새롭고 흥미로운 경험이 필요해. 새로운 일이 일어나지 않으면 지루해져서 즐거운 일을 찾아나설 거야. 하지만 또 자극이 너무 많으면 버겁게 느껴져서 강도를 낮추거나 물러나고 싶어지거든.

이런 사실!

뇌 연구에 따르면 어떤 행동이 좋은 결과로 이어질 거라고 생각하는 일만으로도 뇌의 화학적 성질이 변하며, 더 많은 동기를 부여받는다고 해.

사람은 사람이 필요하다

우리는 누구나 다른 사람들과 정기적으로 접촉해야 해. 심리학자들은 이를 '소속감의 욕구'라고 불러. 이러한 욕구가 있기 때문에 자신이 어떤 무리에도 속해 있지 않다고 느끼거나 혼자서 너무 많은 시간을 보내면 외롭고 함께할 다른 사람을 찾고 싶어져. 어떤 사람들은 초기 인류가 다른 사람과 함께일 때 음식을 더 잘 찾고 안전하게 지낼 수 있었기 때문에 다른 사람에 대한 욕구가 발달했다고 주장했어. 또 어떤 사람들은 아주 어릴 때 부모나 다른 사람들과의 긍정적인 경험을 하면서 이러한 욕구가 학습된다고 생각했지.

나는 할 수 있어!

행동을 일으키는 또 다른 요인으로는 '성취 동기'가 있어. 여기에서 심리학자들이 말하는 '성취'는 학교생활을 잘하거나 성적을 잘 받는 것만을 뜻하지 않아. '혼자서' 양치질을 해내고 싶어 하는 어린아이의 욕구도 성취 동기가 될 수 있어. 악기 연주를 배우고, 외국어를 익히고, 과자를 굽는 것도 마찬가지야. 이 원동력은 때로는 자신의 내면에서 비롯되고, 때로는 다른 사람을 기쁘게 하려는 노력에서 비롯되며, 두 가지 모두에서 나오기도 해.

먼저 배부터 채운다

모든 사람이 같은 것에 의해, 같은 방식으로 동기를 부여받는 것은 아니야. 또한 시기와 상황에 따라 동기를 부여하는 것이 달라지기도 해. 이에 애해 1940년대에 에이브러햄 매슬로라는 심리학자는 어떤 욕구가 다른 욕구보다 더 기본적이라는 가설을 세웠어. 굶주린 사람은 다른 사람에게

좋은 인상을 주기보다는 음식을 찾는 데 몰두하지. 그래서 보통은 생물
학적 동기가 최우선이고, 이러한 요구가 충족되고 나서야 보다 덜 기본
적인 요구에 의해 동기를 부여받아. 창의적인 일, 다른 사람과 함께하고
돕는 일, 기타 만족스러운 활동 등을 원하는 거야.

　매슬로의 이론은 다양한 종류의 동기를 고려하도록 도왔지만, 어느 동
기가 더 중요하거나 덜 중요한지에 대해서는 충분한 연구가 뒷받침되지
않았어. 삶은 생각보다 더 복잡해! 우리는 종종 오른쪽 페이지에 나오는
것 같은 동기들도 다루어야 해.

이렇게 한번!

동기를 부여받는 데 어려움이 있다면 혹시나 다른 욕구가 주의를 흐트러
뜨리는 건 아닌지 생각해 보자. 배고프거나 목이 마르거나 화장실에 가고
싶다면 아무리 즐거운 일이라도 집중하기가 어려울 테니까 말이야. 이런
경우라면 생물학적 요구 사항부터 먼저 돌봐야 하지 않을까?

소속감에 대한 욕구는 다른 동기를 방해할 수도 있어. 컴퓨터로 숙제를
하고 있을 때 숙제가 아무리 중요하더라도 친구가 보낸 메시지를 피하기
는 정말 어려워. 그러면 당연히 주의가 산만해지지. 컴퓨터가 없던 시절
에는 어땠을까? 밖에서 친구들이 노는 소리가 메시지처럼 숙제를 방해
하지 않았을까? 이처럼 서로 충돌하는 동기를 처리하는 방법 가운데 하
나는 두 가지를 개별적으로 할 수 있는 시간을 확보하는 거야. 온라인에

서로 다른 방향으로 이끈다.

하고 싶긴 한데
위험해 보여.

서로 모순이다.

몸에 좋은 음식을
먹고 싶어. 하지만 분명
브로콜리보다는
케이크가 더 좋은걸.

더 중요한 것을
선택하도록 강요받는다.

밥 먹을 시간이지만,
훌륭한 작품을 만들어야 하니
지금 멈출 수 없어.

서 친구를 만나거나, 직접 만나서 놀 수 있는 시간을 따로 설정하면 목표를 향해 노력할 때 다른 동기에 덜 끌리게 되는 효과가 있어.

내적 동기와 외적 동기

내적 동기와 외적 동기 사이의 상호 작용은 복잡하기도 하고, 행동에 놀랄 만큼 크게 영향을 미쳐. 그림 그리기를 좋아하는(내적 동기) 사람이 그림으로 돈을 벌게 되었고(외적 동기), 그 돈을 받지 못하게 되면 더 이상 단지 즐거움만을 위해서는 그림을 그리지 않을지도 몰라. 용돈이나 허락 같은 외적 보상은 동기를 강하게 부여하지만, 또 다른 이유가 없다면 그 자체로는 그다지 효과적이지 않아. 어떤 일을 하지 못하게 하려고 처벌을 사용하는 경우에도 좀 이상한 효과가 생길 수 있어. 외적 처벌이 효과를 거두려면 바람직하지 않은 일에 대가를 크게 치르게 만들어야만 해.

동기 부여와 학습

보상으로 동기를 부여하면 학습에 도움이 될까? 쿠오 무라야마와 앤드류 엘리엇의 연구에 따르면 학생이 배움에 대해 어떻게 판단하느냐에 따라 달라진다고 해. 이들은 실험실과 실제 학교에서 연구한 끝에 목표에 대한 생각이 학습에 영향을 미친다는 결론을 내리게 되었어. 단기 목표(시험에서 좋은 점수를 받는 것)를 설정하고 잘해야겠다는 생각에 동기를 부여받은 사람은 그 목표에 도달할 수 있지만, 그로 인한 발전은 오래가지 않아. 반면에 별다른 이득이 없이도 그 일을 익히도록 동기를 부여받은 경우(관심이 있어서 수학을 공부하는 것)에는 그로 인한 발전이 몇 년 동안이나 지속될 수 있어.

내가 이길 거야!

우리는 경쟁이 사람들에게 동기를 부여한다고 생각해. 금메달리스트가 되려고 매일 몇 시간씩 훈련하는 운동선수나 과학 경시 대회에 나가려고 공부하는 학생의 경우를 보면. 하지만 경쟁의 효과는 들쭉날쭉해. 다른 사람보다 더 잘하는 데 초점을 맞출 때 목표를 향해 노력하는 동기(접근 동기)가 생기지만, 동시에 다른 사람보다 못하고 싶지 않다는 동기(회피 동기)가 생겨서야. 회피 동기보다는 접근 동기가 성공적이지.

그냥 하고 싶지 않다면?

하고는 싶은데 할 수 없을 것만 같거나 해야 할 일을 시작하는 데 어려움을 겪은 적이 있지 않니? 하면 되는데 하지는 않고 기분이 나쁜 채로 시간만 보냈던 적은? 스스로 목표를 설정하고 완수하는 것을 '자기 동기 부여'라고 해. 우리는 외부의 힘에 영향을 받기도 하지만, 우리 안에서 나오는 자기 동기 부여 즉, 자발성이 실은 본질적인 형태의 동기 부여야.

하지만 계획을 실행에 옮기려면 때로는 어려움이 따를 수 있어. 심리학자 스콧 겔러는 앨버트 밴듀라의 연구를 바탕으로 자기 동기 부여를 다음과 같이 정리했어.

- 중요도: 그 목표가 자신에게 중요하다.
- 숙련도: 그 일을 할 수 있고, 그 일이 중요하며, 노력할 가치가 있다고 느낀다.
- 선택: 자신의 행동을 통제할 수 있다고 생각한다.
- 공동체: 여러 사람이 모여 목표를 달성하려는 사람을 돕는다.

이렇게 한번!

배우거나 이루고 싶은 일을 정하고 겔러의 연구를 적용해 보자.

- 중요도: 목표를 종이나 일기장에 적는다. 이 목표를 달성하려는 이유가 무엇일까? 이 일을 해내는 게 자신에게 어떤 의미일까?
- 숙련도: 목표를 달성할 수 있는 능력과 시간과 자원이 있는지 스스로 질문해 본다. 이 목표가 노력을 기울일 만큼 중요할까? 그렇지 않다면 나중에 큰 목표를 이루기 위한 첫걸음으로 조금 더 쉬운 목표가 있을까?
- 선택: 목표를 달성하기 위하여 행동을 통제할 수 있을까? 비용이 들거나 교통수단이 필요하거나 어른의 도움을 받아 결정해야 하는 단계가 있을까? 혼자 할 수 없는 일이 있다면 아래를 참고하자.
- 공동체: 누가 응원하거나 도울 수 있을까? 어른의 허락이나 재정적 지원 등이 필요한 경우에 도움을 청할 수 있을까?

여기까지 생각해 보았다면 목표를 향해 매일이나 매주의 계획을 세울 준비가 되었어. 하루를 마칠 즈음에는 계획대로 따랐는지 기록하고 스스로를 칭찬하는 시간을 갖자!

동기는 다양한 곳에서 생겨. 우리 내부에서 나오기도 하고 외부에서 나오기도 해. 또한 가끔은 서로 충돌하기도 해. 동기에 대해 자세히 알면 목표를 달성하기 위한 방법을 찾는 데 도움이 될 거야.

√ 정리해 보자

- √ 어떤 일을 하려는 충동을 '동기'라고 한다.
- √ 동기는 스스로 하려는 욕구(내적 동기)와 타인의 보상과 압력(외적 동기) 모두에서 온다.
- √ 본질적인 심리적 동기(재미있거나 새로운 경험을 하려는), 친애 동기(다른 사람과 함께하고 싶은), 성취 동기(어떤 일을 배우거나 잘하려는)는 보편적이어서 누구에게나 중요하다. 하지만 이들이 얼마나 중요한지는 사람마다 많이 다르다.
- √ 어떤 동기는 다른 동기보다 먼저 충족되어야 한다. 특히 생물학적인 요구 사항일 때 그렇다.
- √ 단기적으로 시험을 잘 보거나 성과를 내려는 동기보다는 그 일 자체를 잘 해내려는 성취 동기가 장기적인 학습에 더 효과적이다.
- √ 경쟁이 동기 부여에 미치는 영향은 복잡하다.
- √ 하고 싶거나 해야 할 일을 해낼 수 없을 것 같을 때, 동기에 대해서 생각하면 도움이 된다.

6부

자기 자신을
돌보기

14장

스트레스가 무엇일까?

"아, 스트레스 받아!"라는 말을 자주 듣지만 이게 정말 무슨 뜻인지 알고 있니? 스트레스는 우리가 어떤 일을 처리할 수 있는 능력을 한계까지 몰아 무리하게 만드는 사건이나 상황이야. 스트레스를 일으키는 요인은 상당히 범위가 넓어. 그 일은 한번 일어나거나 반복해서 일어날 수도 있고, 멈추지 않을 수도 있어. 어쩌면 시험처럼 생활과 가까운 것일 수 있고, 부모님의 이혼처럼 큰 변화일 수도 있으며, 중대한 사고처럼 트라우마(외상)를 일으키는 것일 수도 있어. 동생이 태어나거나 익숙하지 않은 활동을 시작하는 등 긍정적인 일도 스트레스가 될 수 있어! 우리 뇌와 몸은 스트레스에 반응하고, 그 반응은 어떤 목적이 있어.

사람들이 '스트레스를 받는다.'고 할 때는 사실 불안감을 느낀다는 뜻인 경우가 많아. 스트레스는 어떤 일이 벌어졌을 때, 혹은 어떤 일이 일어나서 반응할 때 생기는 외부적인 거야. 하지만 불안은 이와 달리 나쁜 일이 일어날 것이라는 걱정에 불과하고, 분명하거나 즉각적인 위협은 실제로 존재하지 않아. 그래서 불안은 내부적이야. 스트레스를 받으면 나중에 나쁜 일이 다시 일어날까 봐 걱정하면서 불안에 시달리게 돼.

마음과 몸은 연결되어 있다

사람들이 스트레스에 어떻게 반응하는지 살펴보는 방법 중 하나는 코르티솔 호르몬을 측정하는 거야. 코르티솔은 신체가 스트레스에 반응하여 내보내는 물질로, 코르티솔 수치가 높게 유지되면 우리 몸에 해로워. 심리학자들은 침의 코르티솔 수치를 측정하여 스트레스가 내려갔는지 올라갔는지를 확인해.

스트레스는 압박감이나 경계심 같은 감정을 일으킬 뿐 아니라, 몸에 바로 영향을 미치기 때문에 스트레스를 받으면 호흡이 가빠지거나 근육이 긴장돼. 이것만 봐도 우리 몸과 마음이 연결되어 있다는 사실을 알 수 있어. 뇌는 생각과 감정을 통하여 우리 몸과 그 기능에 영향을 미쳐. 마음의 건강이 몸의 건강에까지 영향을 미치는 거야.

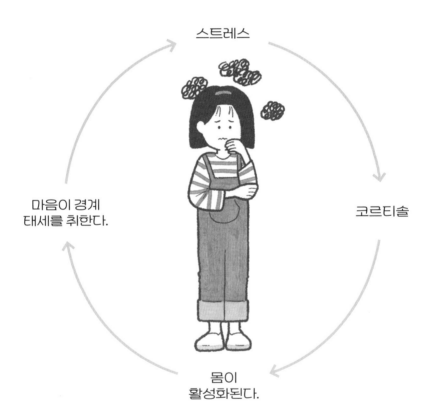

스트레스

코르티솔

몸이
활성화된다.

마음이 경계
태세를 취한다.

건강에 좋을 수도 나쁠 수도

실제 위험이 있긴 하지만 짧을 때(예: 천둥 번개가 치며 비가 내렸다.), 일단 그 위험을 피하고 나면(예: 실내로 들어갔다.) 스트레스 반응은 빠르게 지나가 버려. 이는 우리에게 도움을 주는 경고 시스템이야. 하지만 스트레스가 계속되면 투쟁-도피 반응 때문에 몸이나 감정에 어려움이 생길 수 있어. 우리 몸에서 일어나는 위험 신호는 분명 생명을 구하기 위한 변화야. 하지만 전쟁이나 허리케인처럼 거대하고 끔찍한 사건 혹은 빈곤이나 질병, 정서적 문제처럼 지속되는 어려움을 겪게 되면 이런 반응 때문에 건강을 해치게 돼. 오랫동안 심한 스트레스를 경험한 사람들은 두통이나 복통, 기타 건강상의 문제를 겪는 경우가 많아.

하지만 스트레스가 무조건 나쁜 것은 아니야. 스트레스는 우리에게 활력을 주고 우리가 활동할 수 있게 해 줘. 시합을 앞둔 스포츠 팀을 떠올려 봐. 시합에 대한 기대에서 오는 적당한 긴장감은 선수들이 최선을 다하도록 동기를 부여하는 좋은 스트레스야. 일시적이고, 안전하며, 너무 지나치지 않다면 스트레스는 유용할 뿐 아니라 심지어 매우 바람직해.

또한 스트레스가 어떤 영향을 미칠지는 스트레스에 대해 어떻게 생각하느냐에 달려 있어. 스트레스가 나를 아프게 할 거라고 믿으면 실제로 그렇게 될 가능성이 더 높아. 스트레스를 우리에게 도움이 되는 도전으로 여기고 긍정적인 시각으로 본다면 오히려 좋은 결과로 이어질 수 있지. 스트레스의 좋은 효과를 반기기로 마음먹으면 스트레스로 인한 불편함이 줄어들 거야.

스트레스에 대한 우리의 관점은 우리가 어떤 일을 처리하는 방식에도 영향을 미쳐. 자기 자신이 스트레스를 잘 다룰 수 있다고 여기면, 적극적으로 문제를 해결하고 조치를 취하고 다른 사람에게 도움을 청할 거야. 실제로도 과거에 스트레스를 많이 경험한 경우, 나중에 어려움을 겪더라도 더 잘 회복할 수 있다고 해.

어린이가 겪는 주요 스트레스 요인

- 각종 시험
- 학교생활에서의 어려움
- 숙제 대신에 동영상을 보고 싶은 마음
- 친구나 가족과의 갈등
- 공부에 대한 부담
- 뒤처질 것 같은 두려움

공감이 가는 항목이 있니? 이것들은 그리 충격적이거나 비극적이지 않아도 크고 작은 스트레스 반응을 일으킬 수 있어. 많은 어린이가 스트레스와 걱정으로 불안감을 호소하고 두통이나 복통, 수면 문제를 겪고 있다고 해.

스트레스에 대처하기

심리학자들은 일상생활에서 사람들이 겪는 어려움을 연구하여 스트레스에 대해 많은 것을 밝혀냈어. 그에 따르면 아이들이 얼마나 많은 스트레스를 경험하는지는 상황에 어떻게 대처하느냐에 어느 정도 달려 있어. '대처'는 어려움을 다루는 거야. 많은 아이가 자신의 경험을 표현하거나 스트레스를 적극적으로 처리하는 대신, 그냥 밀어내는 방법으로 스트레스를 처리해. 하지만 생각을 밀어내는 것은 효과가 없어.

이런 연구!

생각을 밀어내는 게 쉬운 일일까? 대니얼 웨그너는 '생각 멈추기'에 대한 연구를 했어. 한 실험에서 대학생들을 모아 놓고 5분 동안 '백곰'을 떠올리지 말라고 했어. 참가자는 백곰이 생각나면 앞에 놓인 종을 울려야 했지. 하지만 백곰을 떠올리지 않는 건 기본적으로 불가능했어. 백곰에 대한 생각은 끊임없이 끼어들었기 때문이야.

생각을 밀어내는 대신, 가장 효과적인 방법은 자신이 대처할 수 있다고 여기는 거야. 예를 들어 '나는 이걸 처리할 수 있어.', '이 상황에서 교훈을 얻을 수 있어.'라고 자기 대화를 시도하면 스트레스에 보다 긍정적인 방식으로 접근할 수 있어. 투쟁-도피 반응으로 심장이 두근거리고 호흡이 빨라진다면 이 반응이 어떻게 나에게 힘을 줄 수 있을지 생각해 봐.

마음을 진정시키기

스트레스로부터 방해받지 않는 또 다른 방법은 어떻게 하면 자신을 진정시킬 수 있는지를 배우는 거야. 연구에 따르면 스트레스 관리에 마음 챙김이 효과적이라고 해. 스트레스를 주는 생각을 스노우볼이라고 여겨보자. 스노우볼을 흔들면 그 속의 눈이 마구 휘날리지만 잠시 지나면 눈이 가라앉고 조용해져. 마음 챙김은 생각을 막지 않고, 이런 식으로 생각을 가라앉히는 방법이야.

긴장 푸는 법을 배우기

운동, 건강한 식습관, 충분한 수면, 편안한 활동 등에 관심을 기울이고 일상생활을 잘 관리하면 스트레스가 많은 상황에서 효과적으로 대처할 수 있어. 음악 감상, 재미있는 이야기, 웃음 등 즐거운 모든 것이 편안한 활동에 포함되며 가족과 친구의 보살핌 또한 스트레스를 낮추는 데 도움이 될 거야.

시험 전에 스트레스를 어떻게 관리해야 하는지 몇 가지 구체적인 방법을 보여 주는 연구가 있어. 2019년 크리스토퍼 로젝은 과학 시험 직전에 사람들을 네 그룹으로 나누어서 각기 다른 일을 하게 했어. 첫 번째 그룹은 스트레스를 무시했고, 두 번째 그룹은 10분 동안 자신의 스트레스에 대한 글을 썼으며, 세 번째 그룹은 스트레스 반응(손에 땀이 나는 등)과 시험 전 스트레스가 어떤 도움이 되는지를 알려 주는 글을 읽었어. 마지막 그룹은 스트레스에 관한 글쓰기와 읽기를 모두 했지. 스트레스에 능동적으로 대처한 세 그룹은 비슷하게 시험을 잘 보았어. 세 그룹 모두 스트레스를 무시한 첫 번째 그룹보다는 더 잘할 수 있었어.

긴장을 푸는 데 도움이 되는 활동을 미리 생각해서 스트레스에 대비해 보자. 움직이기, 만들기, 가라앉히기, 소통하기로 나누어서 긴장될 때 할 수 있는 구체적인 활동 목록을 만드는 거야. '움직이기'에는 산책이나 춤추기 등 마음이 진정되는 신체 활동을, '만들기'에는 그림 그리기나 요리 등 창의적인 활동을, '가라앉히기'에는 독서나 따뜻한 물에 목욕하기 등 조용하고 차분한 활동을, '소통하기'에는 친구와 통화하기나 동아리 활동에 참여하기 등 사회적인 교류 활동을 넣자. 다음에 스트레스가 생기면 이 중에서 몇 가지를 골라서 해 보는 거야.

자연 속에서 잠깐

스트레스를 그냥 회피하면 효과가 없지만, 스트레스 요인에서 벗어나 휴식을 취하면 압도당하는 느낌을 덜 받을 수 있어. 휴식을 취하는 방법 중 하나는 자연으로 나가는 거야. 여러 연구에서 녹색 공간이 스트레스 감소 효과가 있다고 지속적으로 밝히고 있어. 자연 그 자체가 아니라 야외에서 곧잘 하는 운동도 같은 효과가 있나 궁금할지 모르겠어. 하지만 2018년에 발표된 한 연구에 따르면 숲에 가는 것이 도심의 공원을 가거나 실내 체육관을 방문하는 것보다 스트레스를 낮추는 효과가 좋다고 밝혀졌어. 최대한 자연에 가까울수록 효과가 좋은 것 같아.

왜 자연 속에 있을 때 스트레스를 덜 받을까? 여기에는 여러 이유가 있어. 그중 하나는 주의 집중과 관련이 있는데, 보통은 자연 속에 있을 때 다소 주의를 기울이더라도 집중력을 강하게 사용하지 않아. 그래서 뇌에서 주의를 집중하는 부분의 긴장이 풀어지고 회복된다고 해. 두 번째 이유는 스트레스로부터 벗어나 탈출감을 준다는 거야.

여건이 안된다면 대체할 수 있는 것들도 있어. 경외심을 불러일으키는 산이나 바다 풍광을 담은 영상을 보면 자기 자신이나 스트레스 요인에서 빠져나와 과하게 집중하지 않게 해 준다고 해.

스트레스 요인을 모두 막을 수는 없어. 하지만 심리학 연구 덕분에 스트레스를 받은 뒤에 도움이 되는 방법이 많이 알려졌어. 스트레스를 일으키는 일상생활에서의 일들을 더 잘 처리하는 방법도 알려졌지. 스트레스를 잘 처리하면 몸과 마음을 건강하게 유지할 수 있어. 더욱 강해져서 어려움에 처하더라도 쉽게 회복할 수 있을 거야.

이렇게 한번!

연구에 따르면 자연 속에 있는 자신을 상상하는 것도 비슷한 효과가 있다고 해. 한번 해 볼까? 눈을 감고, 마법처럼 아름다운 숲을 걷고 있다고 상상해 보자. 이 숲은 안전하고 행복한 곳이야. 차분한 마음으로 숲속을 계속 걸어 봐. 눈을 떴을 때도 여전히 아름다운 숲의 풍경과 소리, 느낌과 함께할 수 있어.

√ 스트레스는 우리가 어떤 일을 처리할 수 있는 능력을 한계까지 떨어뜨리는 사건이나 상황이다. 스트레스의 범위는 참사(예: 화재)에서부터 긍정적인 변화(예: 중학교 입학), 일상생활에서 겪는 번거로운 일(예: 친구와의 갈등)에 이르기까지 다양하다.

√ 스트레스에 대한 흔한 반응은 감정적인 어려움과 두통, 배탈, 수면 장애와 같은 신체적 증상을 포함한다.

√ 코르티솔은 우리가 스트레스를 느낄 때 투쟁-도피 반응의 일부로서 체내에서 방출된다. 이는 뇌에 긴급 상황임을 알리고, 감정이 강한 경계 상태에 놓이도록 한다. 이런 과정은 몸과 마음의 연결을 보여 준다.

√ 스트레스가 일시적이고, 너무 강하지 않으며, 안전한 상황에서라면 동기 부여가 되고 유용하다.

√ 무언가에 대해 생각하지 말라고 자기 자신에게 말한 뒤에 그렇게 하기란 거의 불가능하다. 회피는 스트레스를 관리하는 데 효과가 없다.

√ 스트레스 관리에 도움이 되는 대처 방법 중 하나는 마음 챙김이다. 이는 현재 상황을 인식하고 받아들이는 과정이다. 다른 대처 방법으로는 긍정적인 자기 대화, 일상생활에서의 자기 관리, 몸과 마음의 이완, 다른 사람의 도움, 자신이 겪고 있는 스트레스에 대한 표현(글쓰기와 말하기), 휴식 등이 있다.

√ 효과적인 휴식 방법 중 하나는 자연 속으로 나가는 것이다.

15장

왜 그렇게 많은 시간을 잠에 쓸까?

사람은 평생 동안 많은 시간을 잠에 할애해. 수면 전문가들은 어린이는 밤에 9~10시간, 성인은 8시간 정도 자야 한다고 말해. 매일 잠을 자는 시간이 낭비처럼 보일 수도 있지만, 잠은 몸과 마음의 건강을 위해서 꼭 필요해. 수면 부족은 주의력 결핍이나 학습 장애를 일으키고 성장과 건강을 방해해. 뇌를 비롯한 우리 몸은 잠자는 동안 하루의 활동으로부터 회복되기 때문에 충분히 잠을 자지 않으면 기분이 나빠지고 대처 능력이 떨어져. 사실 잠을 잘 때 우리에게는 많은 일이 일어나. 결코 그냥 누워만 있는 건 아니야!

눈이 꿈과 관련이 있을까?

꿈을 꾸는 수면 단계에서는 대부분 눈알이 왔다 갔다 하며 호흡이 빨라지고 심박수가 증가해. 이 단계를 렘(Rapid Eye Movement, 급속 안구 운동)이라고 해. 이때 눈이 빠르게 움직이더라도 몸의 나머지 부분은 꼼짝도 하지 않아. 팔과 다리 근육이 잠시 마비된 것처럼 무력해져서 꿈을 꿔도 몸은 움직이지 않게 돼.

아침에 일어나면 무슨 꿈을 꿨는지 기억이 안 날 수 있지만, 만약 렘 단계에서 누군가 깨운다면 아마 방금 꿈꿨던 것을 기억할 거야. 꿈이 뭘까? 왜 꿈을 꾸는 걸까? 연구자들은 뇌파를 측정하고 수면을 방해하거나 막기도 하는 등 여러 검사를 한 끝에 꿈이 기억을 저장하고 강렬한 감정으로부터 멀어지는 데 도움이 된다고 여기게 되었어. 꿈은 낮 동안의 경험을 이해하고 그것에 대하여 좋은 기분을 가지도록 도와줘. 꿈속은 하루를 기억하기에 더 안전하고 차분한 환경이야. 꿈 연구가 매슈 워커 박사는 꿈을 '감정적 응급 처치'라고 불렀어.

꿈을 꾸면 유연한 사고와 문제 해결력이 늘어나. 매슈 워커는 수면과 꿈을 연구하는 한 실험에서 참가자들에게 철자를 바꾸어 놓은 단어를 다시 정렬하는 문제를 주었어. 깨어 있을 때와 여러 수면 단계에서 깨어날 때 그 문제를 풀게 한 결과, 렘 수면에서 깨어났을 때 가장 문제를 잘 푼다는 것을 알게 되었어. 참가자 가운데 몇몇은 풀이 방법이 머리에 '튀어올랐다'고 표현했어. 이를 포함하여 다른 많은 연구 결과가 렘 수면과 꿈이 인간의 유연한 사고를 돕는다는 사실을 말하고 있어.

자는 동안 뇌는 바쁘다

뇌파 연구를 통해 수면에 규칙적인 단계가 있다는 사실이 밝혀졌어. 처음 1단계는 쉽게 깨어날 수 있는 '가벼운' 수면 단계야. 2단계에서는 심박수와 체온이 떨어지면서 더 깊은 잠으로 들어가. 3단계에서는 깊은 잠에 빠져 깨우기가 어렵고, 휴식을 취할 수 있어. 깊은 수면은 우리 몸이 성장하고 회복하는 과정을 거치게 해 주지. 1, 2, 3단계를 비렘수면(Non-REM)이라고 해. 대부분의 경우 1~3단계에서는 꿈을 꾸지 않아. 4단계가 바로 눈이 빠르게 움직이고 근육이 이완되는 렘 수면이야.

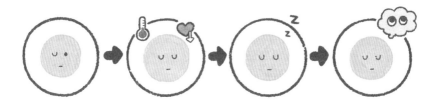

4개의 수면 단계가 하나의 수면 주기를 구성하며, 약 90분이 걸려. 잘 때 보통 4~6회 주기를 거치게 되는데, 수면 패턴은 나이가 들면서 바뀌어. 아기는 하루에 약 16시간을 자며 절반 정도를 렘 수면으로 보내는 반면, 노인은 하루에 약 7~8시간을 자고 약 15퍼센트를 렘 수면을 보내.

악몽

누구나 적어도 한 번 이상 무섭거나 불쾌한 꿈을 꾼 적이 있을 거야. 어린이는 성인보다 악몽을 더 자주 꾸는데, 아마도 현실에서 무섭거나 걱정스럽거나 어려운 경험을 처음 인식해서일 거야. 악몽은 보통 렘 수면에서 꾼다고 알려져 있어. 악몽에 시달렸다면 깨어나서 방금 꿈꾼 내용이 기억나기도 해. 여느 꿈을 꿀 때처럼 마음은 감정을 다루려고 노력하는데, 악몽의 경우에는 감정이 무섭고 강렬해. 악몽은 무서운 상상이나 사건, 영화나 뉴스 등 때문에 꾸기도 하지만, 그냥 갑자기 꿀 수도 있어.

악몽을 꾸면 좋은 생각을 하면서 다시 잠자리에 드는 게 좋지만, 그래도 계속해서 악몽을 꾸었다면 다음 날 그 내용을 말로 하면서 결말을 즐겁고 웃긴 것으로 바꿔 보자.

불쾌한 꿈이더라도 기본적으로 꿈을 꾸는 건 좋은 거야. 힘든 감정을 극복하고 앞으로 나아갈 수 있도록 도와주니까.

이런 연구!

1992년 로버트 켈너는 반복되는 악몽을 멈추는 방법을 개발했어. '이미지 트레이닝 치료'라고 하는데, 악몽에 대한 새로운 결말을 쓰는 거야. 어떤 결말인지는 중요하지 않아. 행복하거나 바보 같거나 재미있거나 만족스러운 것이라면 뭐든 괜찮아. 집에서 충분히 휴식을 취한 다음, 매일 그 결말을 읽게 했더니 악몽을 꾸는 일이 줄거나 사라졌다고 해.

생체 시계

방학이 지나면 아침에 일어나기가 더 힘들지 않니? 수면 시간이 바뀌면 생체 시계가 제 역할을 하지 못해. 진짜 시계는 아니지만 마치 시계가 시간을 알려 주듯 밝거나 어두운 상태가 뇌에 신호를 보내서 깨우거나 자라고 지시를 내리는데, 이러한 낮과 밤의 순환을 24시간 주기 리듬이라고 해. 이 리듬을 따라 수면의 균형이 유지되어 매일 거의 같은 시간이면 졸리게 돼. 24시간 주기 리듬은 사춘기를 거치면서 변해. 그래서 밤늦게까지 졸리지 않기 시작하고, 아침 일찍 일어나기가 더 어려워져. 그렇다고 늦게까지 깨어 있다가 잠들면 생체 시계를 방해하여 자연스러운 기상-수면 리듬이 깨지고 말아.

인공의 블루 라이트는 생체 시계를 헷갈리게 해서 아직 낮인 것으로 착각하게 만들어. 취침 시간에 가까이에서 전자 제품을 사용하면 다음 날 제때 못 일어날 수도 있어.

잘 자고 있니?

충분한 수면을 취하지 않으면 시험에서 좋은 성적을 거두지 못해. 많은 연구에서 입증된 사실이야. 하지만 여기에는 사람들의 기대치도 영향을 끼친다고 해. 수면에 대해 어떻게 생각하는지가 성적에 영향을 주는 거야. 충분히 잘 못 잤다고 생각하면 더더욱 시험을 못 볼 수도 있어.

이런 연구!

2014년에 크리스티나 드래가니치와 크리스티 에르달은 실험 참가자들에게 잠을 잘 잤는지 묻고 나서 가짜로 뇌파 테스트 기계에 연결한 뒤에 가짜 결과를 말했어. 사람들로 하여금 자신이 유난히 잘 잤다거나 못 잤다고 가짜로 믿게 만든 거야. 참가자들은 평소 잠을 잘 자거나 못 자는 경우가 섞여 있었는데, 이후에 정신을 바짝 차려야 할 만큼 어려운 숫자 테스트를 치렀더니 잠을 잘 못 잤다는 결과를 들은 사람들은 성적이 낮았어. 자신은 잠을 잘 잤다고 대답했지만, 가짜 결과를 듣고는 마치 실제로 그랬던 것처럼 자신이 잠을 잘 못 잤다고 생각하게 된 거야.

잠을 푹 잘 자면 가장 좋지만, 그렇지 못했더라도 괜찮다고 생각하거나 최소한 너무 피곤하다고는 생각하지 않아야 좋은 컨디션일 수 있다고 해.

수면은 우리 삶에서 큰 비중을 차지하며 필수적인 부분이야. 심리학자들은 자는 동안에 뇌가 어떻게 움직이는지, 수면이 감정을 다루는 데 어떤 도움을 주는지, 몸이 수면으로 어떤 혜택을 받는지, 수면 문제가 있을 때 어떻게 해야 할지 등을 계속 연구하고 있어.

√ 정리해 보자

- √ 대부분의 꿈은 렘 수면 단계에서 꾸게 된다.
- √ 꿈은 강렬한 감정에서 분리하여 기억을 저장하고, 낮 동안의 경험을 이해하여 기분이 좋아지게 돕는다.
- √ 수면 주기의 1, 2, 3단계를 비렘수면이라고 한다. 우리는 밤새 여러 번의 수면 주기를 거친다.
- √ 우리를 괴롭히는 악몽에는 이미지 트레이닝(이미지 연상 치료)이 효과적이다. 악몽의 결말을 바꿔서 자기 자신에게 여러 번 읽어 주는 것이다.
- √ 우리는 빛과 어둠에 반응하여 24시간마다 수면을 조절하는 내부 주기 리듬을 가지고 있다.
- √ 자신이 잠을 잘 못 잤다고 믿으면 듣기나 사고력 테스트를 잘 치르지 못한다.

7부

마음을
다스리기

좋은 삶에는 무엇이 필요할까?

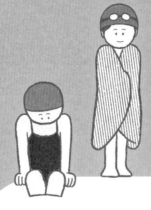

어떤 강점이 있어야 성공에 도움이 될까? 긍정 심리학은 무엇이 우리 삶을 만족스럽고 의미 있게 만드는지 탐구하는 분야야. 심리학자들은 긍정적인 감정과 개인의 강점, 좋은 인간관계와 환경이 우리 삶에서 어떤 역할을 하는지 연구하고 있어.

긍정적일 것!

모든 일이 항상 잘 풀리면 어떤 기분일까? 만족스럽다? 희망차다? 행복하다? 신난다? 이러한 긍정적인 감정은 우리를 기분 좋게 하지만, 좋은 삶에는 기분 좋은 것 이상의 뭔가가 있어야 해. 삶에 대한 열정과 목적의식, 자신감, 좋은 인간관계 등이 필요하지. 현실에서는 모든 일이 항상 잘 풀릴 수만은 없어. 긍정 심리학이 어려운 상황에서도 행복감을 유지하는 방법을 알려 줄 수 있을 거야.

실패에 대처하기

무엇이 사람들을 행복하게 만들까? 사실 그렇게 간단치가 않아. 너를 행복하게 만드는 일을 실제로 하면 긍정적인 감정이 생길 거야. 하지만 그 일을 하지 못했다면? 그래도 긍정적인 태도를 유지하려면 어떤 내면의 강점이나 신념이 필요할까? 그 답은 어려움이나 도전에 대해 어떻게 생각하느냐와 관련이 있어. 자기 자신과 어떤 대화를 나누는지가 중요해.

'나는 실패했어.'라고 생각하면 자기 자신에 대해 나쁘게 느끼기 쉬워. 하지만 다르게 생각하여 '더 실력을 쌓아서 도전하겠어.'라고 할 수도 있지. 심리학자 마틴 셀리그먼의 연구에 따르면 우리는 낙관적이고 희망적인 태도로 이어지는 다른 사고 방식을 배울 수 있어. 유익하지 않은 생각을 바꾸려면 자신과 다른 사람에 대해 열린 태도를 취해야 해.

생각하고, 느끼고, 행동하다

생각과 감정과 행동이 어떻게 서로 연결되어 영향을 미치는지는 인지 행동 이론에 토대를 두고 있어. 앨버트 엘리스와 에런 벡과 같은 초기 연구자는 우울한 사람들이 부정적인 생각의 습관을 가졌으며 그러한 습관에서 슬픈 감정과 심술궂은 행동이 나온다는 사실을 알게 되었어. 두 사람은 사람들에게 다르게 생각하는 방법을 알려 주면 감정과 행동에 변화가 생길지 궁금했어. 인지 행동 이론은 이런 개념에 바탕을 둔 거야. 생각, 감정, 행동 중 어느 하나가 변하면 다른 것도 변해. 이에 따르면 '나는 그림을 잘 못 그려.'라고 생각하면 좌절감을 느끼고 아무 노력도 하지 않지만, '미술은 원래 어려워. 선생님의 도움을 받아야겠어.'라고 생각한다면 좌절감 대신에 희망을 가지고 적극적으로 배우려고 할 거야. 생각, 감정, 행동 사이의 이러한 연결을 통하여 수면 문제나 두려움, 분노 등의 감정, 우울증에 이르기까지 일상의 여러 문제에 어떻게 대처할지 방법을 떠올릴 수 있어.

　사람들이 갖기 쉬운 부정적인 믿음 중 하나는 자신이 하는 일이 아무

것도 중요하지 않다고 여기는 거야. 이런 생각을 하면 무기력하고 무방비한 느낌으로 이어질 수 있어.

1960년대에 마틴 셀리그먼과 스티브 마이어는 개를 대상으로 인지 행동 이론을 연구했어. 개를 두 그룹으로 나눈 뒤에 한 그룹에만 전

인지 행동 이론

기 충격을 피하는 방법을 가르쳤지. 그 그룹은 전기 충격을 피할 수 있었고, 계속해서 잘 피했어. 하지만 다른 그룹은 그러지 못했고, 나중에 전기 충격을 피하는 방법을 알게 되어도 그렇게 하지 않았어. 이런 잔인한 실험은 오늘날에는 금지되어 있지만, 이 연구를 토대로 '학습된 무기력'이란 개념을 이끌어 낼 수 있었어. 학습된 무기력은 스트레스가 개인이 통제할 수 있는 범위를 벗어나면 나중에는 통제할 수 있게 되더라도 무력한 것처럼 행동하는 것을 말해. 이후에 이어진 연구에 따라 심리학자들은 '통제할 수 있느냐'가 인간의 행복과 안녕에도 영향을 미친다는 사실을 발견했어.

반이 찼을까, 반이 비었을까?

셀리그먼은 어려움에 처했을 때 자신이 상황을 통제할 수 있다고 믿지 않으면 노력하기를 빨리 포기한다는 것을 알게 되었어. 그는 실패했음에도 희망을 가지고 계속 노력하는 사람들에게 관심을 가졌어. 세상을 긍

정적인 시선으로 바라보는 사람들은 '통제할 수 없다'는 느낌으로부터 자신을 보호할 수 있다고 생각했지. 그리고 낙관주의와 비관주의의 개념을 발전시켰어. 잘 아는 것처럼 낙관주의는 미래에 대한 긍정적인 기대를 갖는 것이고, 비관주의는 그 반대야. 많은 연구가 낙관적인 생각을 할 때 삶에서 겪는 어려움에 더 잘 대처할 수 있음을 보여 주었어.

긍정 심리학 분야가 발달하면서 낙관주의는 좋은 삶을 위한 중요한 요소로 여겨지게 되었어. 누구나 인생에서 어려운 사건을 겪기 마련이야. 어려움에 적응하여 딛고 일어서는 역량을 '회복 탄력성'이라고 해. 어려움을 겪고 나서 다시 일어서기 위해서는 무엇이 필요할까? 여러 연구에 의하면 회복력이 있는 사람들은 아래와 같은 특성을 가졌어.

- 자신의 강점과 약점을 안다.
- 자기 자신에 대하여 긍정적으로 생각한다.
- 다른 사람들의 도움을 받는다.
- 자신의 감정을 무시하지 않는다.
- 차분한 태도를 유지할 수 있다.
- 문제를 해결하기 위하여 행동한다.
- 자기 자신과 다른 사람들에 대하여 열린 마음을 가진다.

이렇게 한번!

아이들에게 낙관주의를 가르치기 위해 개발된 활동이 있어. 일주일 동안 매일 자신에게 일어난 좋은 일 세 가지를 기록하는 거야. 그렇게 한번 해 보자. 옆에는 각각 왜 이 일이 일어났는지, 그것이 자신에게 어떤 의미인지, 앞으로 이런 좋은 일이 더 많이 생기려면 어떻게 해야 하는지도 적어 보자. 실제로 많은 사람들이 이 활동을 하고는 도움을 받았다고 해.

끈기와 참을성

어려운 상황에 처했을 때 어떤 강점이 가장 도움이 될까? 여러 연구자들이 이를 연구했는데 그중 앤절라 더크워스는 '그릿(Grit)'에 관한 책을 썼어. 그녀는 그릿을 장기적인 목표에 대한 끈기와 열정이라고 설명했어. 그러면서 지능보다 그릿이 성공을 좌우한다고 했지. 새벽에 일어나 누구보다 먼저 연습을 시작하고, 수업이 끝나면 다시 연습에 몰두하는 운동선수를 떠올려 보자. 이 사람은 수영을 정말 좋아하고 수영에 대한 흥미와 열정으로 가득할 거야. 하지만 이보다 더 사소한 도전일지라도 그에 맞서려면 끈기와 성취욕이 중요하다는 건 분명해.

캐롤 드웩은 다른 관점에서 사람들이 실패를 다루는 방식을 연구했어. 지능이나 재능 같은 자신의 기본적인 자질이 고정된 특성이라 믿고, 노력이 아니라 재능이 성공을 만든다고 여기는 것을 고정된 사고방식이라 해. 자신이 똑똑한지 그렇지 않은지에 따라 무언가를 잘하거나 못할 거라고 믿는 거야. 이와 달리 성장형 사고방식은 자신의 기본적인 자질이 헌신과 노력을 통해 개발될 수 있다고 믿고, 지능이나 재능을 그저 출발점에 불과하다고 생각하는 것을 말해. 성장형 사고방식은 성공하기 위해서 노력을 거듭하고 방법을 찾고 연습하며 실수로부터 끊임없이 배우게 하지. 우리는 두 사고방식을 모두 가지고 있어. 자신의 고정된 사고방식을 알아채고 그것을 극복하려고 노력하면 더 크게 성장할 수 있어. 예를 들어 '나는 농구를 잘 못해.'는 고정된 사고방식이지만, '그러니까 나는 계속 배우고 연습하고 있어.'는 성장형 사고방식이야.

드웩은 여러 연구를 통하여 똑똑하다고 칭찬을 받은 아이들과 노력에 대하여 칭찬을 받은 아이들의 성과와 태도를 비교했어. 처음에 두 그룹은 비슷했어. 쉬운 문제가 주어졌을 때는 모두가 재미있다고 여겼지. 하지만 똑똑하다는 칭찬은 고정된 사고방식을 강화하여 새로운 도전을 거부하게 만드는 경향이 있었어. 어려운 새 과제가 주어졌을 때 똑똑하다는 말을 들었던 아이들은 더 이상 자신이 똑똑하지 않다고 생각하게 되었어. 반면에 노력에 대한 칭찬을 받은 학생 10명 중 9명은 새로운 과제에 도전하고 싶어 했고, 어려운 문제를 풀지 못해도 그것을 실패로 여기지 않았어. 또한 어려운 문제를 풀고 난 뒤에 똑똑하다는 칭찬을 받은 아이들은 과제를 좋아하지 않았지만, 노력에 대한 칭찬을 받은 아이들은 어려운 문제가 재미있다고 생각했어!

감사는 항상

많은 나라에서 해마다 추수 감사절처럼 감사하는 명절을 지내고 있어. 하지만 1년에 한 번으로는 부족한 것 같아! 심리학자들은 감사하는 마음이 개인과 공동체에 중요하다는 것을 보여 주었어. 협력심을 높이고 긍정적인 감정을 만들기 때문이야. 제프리 프로는 학생들을 나누어서 각각 감사한 일과 짜증나는 일에 집중하라고 했어. 그 결과, 감사한 일에 집중한 학생들은 만족감과 행복감이 현저히 늘었어. 심지어 그들은 학교를 더 좋아했어!

√ 정리해 보자

- √ 긍정 심리학은 평소뿐 아니라 어려움에 직면했을 때도 사람들이 좋은 삶을 누릴 수 있도록 돕는 과학이다.
- √ 자기 자신에게 하는 말은 기분과 하는 일에 영향을 미치며, 다양한 어려움에 어떻게 대응하는지에도 영향을 미친다.
- √ 자신의 환경을 통제하기 어려울 때 무력감과 우울함이 생긴다. 자신이 통제력을 어느 정도 가졌다는 사실을 아는 것만으로도 더 나은 성과를 올렸다.
- √ 마음가짐이 낙관적이냐 비관적이냐는 신체적 건강과 정신적 건강에 모두 영향을 미친다.
- √ 회복 탄력성(회복력)은 좋은 삶을 이루는 요소이다. 긍정적이고 개방적인 자아감과 자신이 가진 자원의 적극적인 사용은 좌절을 극복하는 데 기여한다. 연구에 따르면 이런 자세나 기술을 학습할 수 있다는 점이 중요하다.
- √ 높은 성취를 위해서는 지능보다 주제에 대한 흥미와 열정, 끈기가 더 중요하다.
- √ 사고방식은 성공을 북돋을 수도 있고 좌절시킬 수도 있다.
- √ 감사의 표현을 하면 삶에 대한 좋은 느낌을 가지게 해 준다.

17장

마음이 너무 힘들 때는 어쩌지?

누구나 걱정과 슬픔을 경험하고, 주의 집중이나 인간관계에서 어려움을 겪을 때가 있어. 심리학자들은 어떤 경우에 감정과 행동과 경험이 문제가 되는지, 그럴 때 어떻게 사람들을 도울 수 있을지를 연구해. 정신적인 문제가 있다는 낙인(오명)이나 이해받지 못하고 비판을 받는 데서 오는 수치심에 대해서도 연구하고 있어. 내과나 치과에 가는 것은 괜찮지만, 심리학자와 상담하는 일은 불편하다고 여길지도 모르겠어. 하지만 정신 건강 문제는 매우 흔해. 삶의 어느 시점에서 정신 질환을 경험하는 경우도 많아. 그런 사실을 알면 심리학자와의 만남이 자신을 돌보는 좋은 방법이라는 걸 이해하게 될 거야.

걱정과 슬픔이 우리를 방해할 때

걱정과 두려움은 자연스러울 뿐더러 필요한 것이기도 해. 걱정과 두려움 덕분에 위험이 가까이 왔을 때 알 수 있어. 시험에 대해 걱정이 되어서 공부를 열심히 하고, 자전거에서 떨어질까 봐 두려워서 안전하게 헬멧을 착용하는 것처럼 말이야. 하지만 문제는 걱정과 두려움이 잘못된 경보를 만들 때 생겨. 실제로는 필요하지 않고, 그럴 만한 게 없어도 우리는 걱정하거나 두려워할 수 있어. 많은 어린이가 일을 망칠까 봐, 병에 걸리까 봐, 비웃음을 당할까 봐 너무 많이 걱정해. 또 끔찍한 일이 일어날 것을 지나치게 두려워해. 걱정이나 두려움이 너무 강해서 일상생활에 지장을 줄 정도거나 오래 지속되는 것을 '불안 장애'라고 해. 불안 장애는 어린이와 청소년에게 흔하지만 대부분은 올바른 치료를 받지 못하고 있어.

불안과 마찬가지로 슬픔과 짜증도 정상적인 감정이야. 이들은 바로잡아야 할 뭔가가 있어서 너를 괴롭히고 있다며 신호를 보내. 연구에 따르면 슬픔이 세부 사항에 대한 주의력과 판단력, 집중력, 설득력 등을 향상시킬 수도 있어. 슬픔 그 자체는 좋지도 나쁘지도 않아.

하지만 불안처럼 슬픔도 너무 지나치면 문제가 돼. 오랫동안 슬프거나 울적해서 학교생활, 수면, 친구 관계나 기타 다른 중요한 일상생활을 방해하는 것을 우울증이라고 해. 어린이도 우울증을 겪을 수 있어.

다행스럽게도 불안 장애와 우울증 모두 치료법이 있어. 인지 행동 치료는 유익하지 않은 생각을 찾아 유용하고 현실적인 사고방식으로 대체하는 방법을 알려 주고 있어. 충분한 증거를 기반으로 긍정적인 감정과 더 나은 대처 능력을 기를 수 있도록 돕고 있지.

이렇게 한번!

누구나 불합리한 생각을 하고, 그런 생각을 바꾸려면 시간을 들여 연습해야 해. 아래 예시를 보고 빈칸을 채워 보자.

도움이 되지 않는 생각	그에 도전하는 생각
아무도 나를 좋아하지 않아.	어제 친구와 재미있게 놀았어. 친구도 재미있어 했는걸.
아마 난 시험에 떨어질 거야.	난 최선을 다할 거야.
엄마 아빠는 재미있는 건 아무것도 못하게 해.	평일에는 공부에 집중해야 했지만, 지난 주말에는 함께 영화를 보러 갔어.
내가 공을 놓쳐서 우리 팀이 지고 말았어.	
다들 나보다 멋진 걸 가졌어.	
내 과제가 가장 형편없을 거야.	

분노가 문제가 될 때

분노도 우리에게 필요한 감정이야. 분노는 처리해야 할 문제가 있다고 알려 줘. 하지만 분노가 공격성으로 이어져서 다른 사람을 상처 입히는 말이나 행동을 하게 되면 문제가 되기 쉬워. 4세 미만의 아이들은 일주일에 9번 정도 짜증을 낸다고 해. 4세 이상이 되었는데도 아이가 계속 성질을 내면 학교나 가정에서 문제를 일으킬 수도 있어. 정신 건강을 상담하러 오는 어린이의 대다수가 분노 폭발을 통제할 수 없는 경우야.

분노 조절이 어려운 이유는 다양해. 특정 진단을 받지 않았더라도 공격적인 행동을 줄이려면 먼저 어른에게 어린이의 분노를 다루는 방법을 가르쳐 주고, 어린이에게도 문제를 해결하고 분노에 대처하는 방법을 알려 주어야 해.

이런 사실!

분노 조절은 중요해. 그 방법을 성장 과정에서 꼭 배워야 해. 아래는 분노를 조절하는 몇 가지 단계야. 마음을 침착하게 유지하기 위해 14장의 내용도 참고하자.

- 감정을 인식한다.
- 분노를 밀어내지 않고, 자신의 감정에 이름을 붙이거나 표현한다.
- 도움이 되는 방향으로 생각한다.
  '이건 감당할 수 없어.' 대신에 '나는 ~ 때문에 화가 나.'라고 한다.
- 다른 사람에게 상처를 주지 않고 필요한 것을 말한다.
  "노크도 하지 않고 내 방에 들어오면 불편해요."

너무 많거나 충분하지 않거나

생물이라면 모두 먹어야 살 수 있어. 하지만 인간은 너무 많이 먹거나 너무 적게 먹으면 문제가 되기도 해. 이를 섭식 장애라고 하는데, 점점 더 어린 연령대에서도 섭식 장애로 고통받는 경우가 나타나고 있어.

어떤 경우에는 살찌는 것이 두려워 식사를 피하거나 식단과 섭취를 심각하게 제한해. 실제로는 많이 말랐는데도 거울을 보면서 자신이 뚱뚱하다고 생각하는 거야. 이러한 유형의 섭식 장애가 있는 사람은 자신의 체중을 엄격하게 조절해야 한다고 생각해. 반대로 과식이나 과체중을 조절하지 못해서 생기는 문제도 있어. 많은 양의 고칼로리 음식을 장기간

먹어서 과체중이 되거나, 정상적으로 식사를 하다가도 갑자기 폭식을 하고 그러다가도 또 아주 적게 먹는 경우도 있어. 너무 적게 먹거나 너무 많이 먹는 경우 모두 건강 문제를 일으킬 수 있어. 성장기의 어린이라면 문제가 더 심각해. 정상적인 성장 발달을 막거나 학습에 방해가 되기도 하지. 어린이가 섭식 장애를 극복하려면 부모나 다른 보호자가 치료에 함께해야 해. 치료를 통해 영양에 대해 배우고, 건강한 식습관을 기르며, 자기 자신을 보는 시선을 바로잡을 수 있어.

이런 사실!

정크 푸드 광고는 어린이 비만과 관련이 있어. 어린아이들은 재미있고 다채로운 광고를 텔레비전 프로그램의 일부라고 생각하고, 광고와 쉽게 구분하지 못해. 그저 그 음식을 먹고 싶을 뿐이지, 특정 회사에서 자신들에게 무언가를 팔려고 내보내는 광고라는 사실을 깨닫지 못하는 거야.

정말 나쁜 일이 일어났을 때

사람들은, 간혹 어린이들도 끔찍한 사고나 화재 같은 정말 나쁜 사건을 경험할 수 있어. 일정 기간이 지나면 대부분이 상처에서 회복되지만, 고통이 계속되어서 일상생활로 돌아가기가 어려운 사람도 있어. 정말 끔찍한 경험을 한 사람은 악몽을 꾸거나 매우 예민해지고, 사건 당시에 겪은 감정에서 빠져나오지 못하며, 항상 우울하거나 위축된 느낌을 받아. 특히 무언가가 사건에 대한 기억을 불러일으킬 때 더욱 그럴 수 있어. 이런 상태에서 빠져나오지 못한다면 외상 후 스트레스 장애(PTSD)를 겪고 있다고 봐야 해. 치료를 위해서는 주변 사람들의 도움을 받아 안전한 장소에 있다고 안심하고, 원한다면 힘든 경험에 대해 이야기하는 기회를 가져야 해. 나쁜 일이 다시 일어날 거라는 두려운 생각을 검토하여 실현 가능성이 적다는 것을 확인하는 일도 하나의 치료 방법이야.

주의 집중 문제

누구나 집중이 잘되거나 잘 안되는 순간이 있어. 하지만 행동하기 전에 먼저 생각을 하기 어렵다거나 주의를 기울이는 데 많은 어려움을 겪는다면 주의력 결핍 과잉 행동 장애(ADHD)인지 고려해 봐야 해. 100명 중 약 9명의 아이들이 선천적으로 ADHD를 가지며, 보통 어린 나이에 증상이 나타나. 어린 시절부터 시작되어 평생 지속될 수도 있어.

ADHD가 있어도 대부분은 잘 지낼 수 있지만, 학습이나 친구를 사귀는 과정에서는 어려움을 겪을 수 있어. 약물 치료나 스트레스 관리, 질서 유지 교육 등이 도움이 된다고 해. 한편 ADHD가 있는 사람들의 강점에 대한 연구가 있는데, 그중 홀리 화이트는 ADHD가 있는 사람들이 더 창의적으로 생각하는 경향이 있다는 사실을 발견했어. 외계 행성에 있는 과일을 그림으로 그리고 설명하라고 했을 때 ADHD가 있는 경우에 지구상의 과일과 가장 동떨어진 과일을 만들어 냈어. 화이트는 덜 정돈되어 있는 산만한 상태가 창의적이고 독창적으로 생각하는 능력으로 이어지는 건 아닌지 생각하게 되었지.

성장의 경로가 다른 경우

자폐 스펙트럼 장애를 가진 아이들은 또래와 다르게 발달해. 언어가 전혀 발달하지 않은 아이부터 일반 학교생활을 잘 해내는 아이까지 양상이 매우 다양하지. 자폐 스펙트럼 장애가 있는 사람들은 다른 사람들과 관계 맺는 방법을 이해하기가 어려워. 보통은 감정을 이해하거나 표현하는 일을 어려워하고, 대화하면서 번갈아 말하고 듣거나 변화에 적응하는 일에서도 어려움을 겪을 수 있어. 또한 몇 가지 특정한 관심사에 지나치게 집중하는 경우가 있어.

100명의 어린이 중 1~2명이 자폐 스펙트럼 장애라는 진단을 받아. 이런 경우 도움은 빨리 받을수록 좋아. 완전히 치료할 수는 없지만 언어나 사고 능력, 행동에서 개선을 가져온 치료법이 있어. 응용 행동 분석(ABA)

이라고 하는데, 7장에 나온 학습 이론에 기반을 두고 있어. 목표를 작은 단계로 쪼개고 칭찬이나 다른 긍정적 강화를 사용하여 일대일로 가르치는 거야. ABA는 재미있는 놀이를 기반으로 한 환경에서 가장 효과가 좋아.

√ 정리해 보자

- √ 감정, 행동, 경험으로 인한 문제는 사람들을 괴롭게 하고 일상생활에 지장을 준다. 이러한 정신 질환에 대하여 전문적인 도움을 받아도 괜찮다고 여기야 한다.
- √ 불안 장애는 아동기에 가장 흔한 정신 질환이다.
- √ 슬픔이나 우울함이 너무 오래 지속되면 일상생활에 지장을 줄 수 있어 치료가 필요하다.
- √ 인지 행동 치료는 불안 장애와 우울증을 치료한다.
- √ 분노로 인한 문제에는 여러 가지 원인이 있을 수 있다. 정신 건강에 대하여 상담받는 아이들의 대다수가 여기에 해당한다.
- √ 섭식 장애는 건강뿐 아니라, 일상생활에도 지장을 준다. 아이들도 섭식 장애 치료가 필요할 수 있다.
- √ 주의력 결핍 과잉 행동 장애(ADHD)는 태어날 때부터 나타나고 어린 나이에 증상을 겪는다. 신체의 움직임은 실제로 이들이 과제를 더 잘 해내도록 돕는다.
- √ 발달 장애가 있는 아동 중 일부가 자폐 스펙트럼 장애에 해당한다. 현재 완전한 치료법은 없지만, 응용 행동 분석처럼 연구가 뒷받침된 치료법을 사용할 수 있다.

8부

타인과
살아가는 일

18장

다른 사람이
왜 그렇게
중요할까?

우리는 가족, 친구, 이웃, 또 다른 많은 사람과 함께 어울러 살아가고 있어. 인류는 다른 인간과 관계를 맺으며 살아가는 방향으로 발달해 왔어. 우리는 혼자 있을 때에도 사회적 존재로서 활동해. 인터넷, 책, 영화 등의 오락거리 혹은 다른 사람들을 포함하는 생각에 참여할지를 선택하면서 말이야. 다른 사람들이 왜 그렇게 우리에게 중요할까? 우리는 함께 시간을 보낼 사람을 어떻게 선택할까? 다른 사람의 존재가 우리에게 어떤 영향을 줄까?

첫인상은 많은 것을 뜻한다

가족은 인생에서 가장 중요한 사람들이며, 이후 맺는 여러 관계의 토대가 되어 줘. 함께 시간을 보낼 누군가를 선택하고 타인에 대하여 어떤 기대를 할지 그 바탕이 되는 것도 첫 양육자와의 초기 경험이야. 성장하면서 점차 가족 이외의 사람들과 교류하고 친구를 선택하고 사회적 경험이 늘기 시작하는데, 사람들이 서로 친구가 되는 데에는 여러 가지 이유가 있어. 몇몇은 명백하고 논리적으로 보이지만, 그 이유가 명확하지 않은 경우도 있어. 첫인상이나 그 사람에 대하여 들은 내용으로 인해 호감을 가졌을 수 있지.

어떤 사람에 대해 첫 번째로 알아차린 것이 계속 유지될까? 놀랍게도 첫인상은 지속될 뿐 아니라 나중에 함께한 경험보다도 그 사람을 보는 방식에 더 크게 영향을 미칠 수 있어. 심리학자들은 이러한 첫인상의 효과를 '초두 효과'라고 불러.

깃털이 같은 새가 친구가 된다!

다행스럽게도 시간이 흐르고 함께한 경험이 쌓이면 첫인상도 점차 희미해지곤 해. 사람들은 다른 사람에게서 자신과 다른 점을 발견하고 그 점을 매력으로 여기지만, 보통 친구가 될 가능성이 더 높은 건 특정한 부류의 사람들이야. 어떤 사람들일까?

- 결국은 내가 좋아하는 것을 함께 좋아하고, 나와 같은 시선으로 세상을 보는 사람과 더 좋은 시간을 보낼 가능성이 높다.
- 하지만 지나치게 비슷하면 지루할 수 있다. 그래서 새로운 아이디어가 있거나 내가 모르는 일을 할 줄 아는 친구가 더 재미있게 느껴진다. 그런 친구가 삶을 더욱 풍성하게 만들어 준다.
- 자주 보면 볼수록 함께 이야기할 수 있는 경험이나 같은 관심사를

가지게 된다. 나와 친구는 같은 사람을 친구로 두는 경우가 많다.

○ 우리는 유능한 사람을 좋아하지만, 그 사람이 너무 뛰어나면 그에 비해 자신이 부족한 것처럼 느껴질 수 있다.

○ 공평하지는 않지만, 연구에 따르면 사람들은 사회가 정한 매력의 기대치에 맞는 사람을 좋아한다. 잘생겼다는 평가를 받은 사람들이 더 친근하고 재미있어 보이는 것이다.

○ 나를 좋아하는 사람과 친구가 된다. 당연히 그렇다. 나에 대해 좋게 생각하는 사람과 함께하고 싶지 않은 사람은 없다.

왜 다른 사람에게 초점을 맞출까?

세상에 나 혼자뿐이라면 어떨까? 생존이 불가능하지는 않겠지만, 아마 살아가기가 매우 어려울 거야. 우리는 늘 누군가의 도움을 받고 있어. 어릴 때는 어른들이 지낼 곳과 음식, 교육 등을 제공하고, 또래 아이들이 즐겁게 지내거나 성장할 수 있게 도와주지. 어른도 다른 사람이 필요한 건 마찬가지야. 사람들은 매우 중요한 존재이기 때문에 우리의 행동에 강한 영향을 미칠 수 있어. 심리학자들은 그 영향이 언제는 우리에게 도움이 되고 언제는 문제가 되는지 오랫동안 궁금해했어.

잘 지내려고 함께한다

우리는 다른 사람들이 우리에 대해 어떻게 생각하는지에 대해 관심이 많

아. 그래서 틀린 것이 분명한데도 다른 사람에게 동의할 때가 있어. 다른 사람의 의견에 신경을 많이 쓴 나머지, 다른 사람이 좋아할 거라고 생각하는 방식으로 보거나 행동하려고 세심하게 노력을 기울이기도 해. 흥미로운 점은 우리가 '항상' 이렇게 하는 것 같다는 거야. 우리의 이러한 노력을 뇌에서도 발견할 수 있는데, 사람들에게 '나쁘게 보이려고 노력하라.'라고 요청했을 때 뇌에서 변화가 나타났어. 다른 사람들에게 멋지게 보이려고 노력하는 것이 뇌가 정상적으로 작동하는 방식이라는 뜻이야.

다른 사람들에게 잘 보이거나 잘 지내려는 노력 때문에 사람들이 평소와 다르게 행동한다는 점은 '또래 압력'의 바탕이 돼. 어른도 어린이만큼이나 또래 압력에 취약하지. 심리학자 로버트 치알디니는 또래 압력이 사람들의 행동을 바꿀 수 있다는 사실을 발견했어.

이런 연구!

로버트 치알디니는 미국의 한 국립공원에서 또래 압력의 영향을 보여 주는 실험을 했어. 실험을 위해 각각 다른 내용의 표지판을 두 장소에 세웠지. '숲을 보존하기 위해 석화된 나뭇조각을 가져가지 마세요.'는 그저 나뭇조각을 가져가는 행위를 멈춰 달라고 요청하는 내용이었어. 하지만 '많은 방문객이 석화된 나뭇조각을 가져가는 바람에 숲이 망가지고 있습니다.'는 다른 사람들이 먼저 규칙을 어겼음을 알려 주는 내용이었어. 첫 번째 표지판의 경우, 표지판이 없을 때보다 절도 행위가 약간 줄었지만 두 번째 표지판의 경우, 사람들은 표지판이 없을 때보다 세 배나 더 많은 나뭇조각을 훔쳤어!

누가 그렇게 말하나?

다른 사람들과 함께하려는 경향은 그 무리가 어떤 양상을 띠고 있느냐에 영향을 받아. 어느 정도 큰 무리라면 한 개인보다 더 강력한 영향을 미칠 수 있어. 무리의 모두가 동의하면 그에 동의할 가능성이 더 크지. 무리 내에서 다른 의견을 가진 딱 한 사람이 되기는 어려워. 또한 사람들은 또래 압력의 영향을 받지만, 동료보다는 실세가 시키는 대로 할 가능성이 더 커. 실세라는 건 그만한 힘과 영향력을 가졌다는 뜻이니까.

사람들이 하지 않는다면 나도 안 할래!

사회적 동물의 이점 중 하나는 모여서 무리를 이루었을 때 개인이 할 수 있는 것보다 더 많은 것을 성취할 수 있다는 거야. 그래서 인간은 높은 건물을 짓고, 큰 터널을 파고, 우주 공간으로 날아갈 수도 있어! 팀워크는 분명 우리에게 이득이야.

하지만 팀워크가 항상 모든 사람을 열심히 일하게 하는 가장 좋은 방법은 아니라는 사실이 밝혀졌어. 그건 다른 사람들이 얼마나 열심히 일하고 있는지에 대하여 개인이 어떻게 생각하느냐에 달렸어. 여러 사람이 똑같이 노력해야 하는 작업에서 각자가 얼마나 열심히 일하고 있는지 알 수 없는 경우(예: 줄다리기), 자신이 할 수 있는 것보다 노력을 약간 덜 한다고 해.

어, 다른 사람이 하니까 나도!

다른 사람이 무엇을 하고 있는지를 알게 하면 긍정적이든 부정적이든 어느 쪽으로든 사람들에게 영향을 줄 수 있어. 1970년대 중반에 한 청년은 사람들이 반려동물을 돌보는 데 얼마나 손이 많이 가는지 말하는 것을 들었어. 그래서 세상에서 가장 돌보기 쉬운 반려동물로 '돌멩이 친구'라는 상품을 개발했어. 이 상품은 관리 설명서와 함께 '돌멩이 친구'가 숨쉴 수 있도록 구멍이 뚫린 골판지 상자에 포장된 채 판매되었어. 그저 매끄러운 돌에 불과한 이 상품은 매우 인기 있는 선물이 되었고, 청년은 백만장자가 되었어. 왜 그렇게 많은 사람이 이렇게 쉽게 만들 수 있는 것을 사려고 돈을 썼을까? 애초에 왜 그런 걸 사고 싶어 했을까? 여기까지 읽었다면 분명 답을 알 거야. '다른 사람들도 다 하고 있는 것 같으니까!' 일시적인 유행이나 열풍이 가끔은 약간 '미친' 것처럼 보이는 이유를 알겠지?

거기에 누가 있느냐에 따라 다르다

다른 사람들의 존재와 행동은 우리가 생각하고 행동하는 방식을 바꿀 수 있어. 긴급한 상황에서 사람들은 언제나 즉시 도움을 요청할까? 그렇게 생각하기 쉽지만, 이는 사실이 아닐 수도 있어. 주위에 다른 사람들이 있으면 자신이 뭔가 해야 한다는 책임감을 느끼지 못할 수도 있거든. 사람들이 별거 아닌 것처럼 여기면 긴급한 상황이 아니라고 생각할 수 있지. 이런 것을 '방관자 효과'라고 해. 연기가 차오르는 방에 세 사람이 있을 때보다 혼자일 때 벌떡 일어나 도움을 청하기가 쉽다는 연구 결과도 있어. 방관자 효과 때문에 간혹 사람들은 심각한 상황에서도 119에 전화하지 않아.

√ 정리해 보자

√ 누군가에 대한 첫인상은 그 사람과 그의 행동을 어떻게 볼지에 큰 영향을 미친다.

√ 사람들은 자신과 비슷하고, 자신을 좋아하는 것 같은 사람을 좋아하는 경향이 있다.

√ 인간은 동의하는 존재다. 그래서 주변 사람들의 의견이 틀렸더라도 그에 동의할 가능성이 높다.

√ 또래 압력은 어른을 포함하여 모든 사람에게 강하게 영향을 미친다. 이는 때때로 나쁜 일이지만, 가끔은 좋은 일이 될 수도 있다. 다른 사람들이 하는 좋은 일에 대하여 알면 우리도 그렇게 하기 쉬워서다.

√ 주변 사람들이 도움을 청하는 행동을 하지 않으면, 사람들은 긴급 상황에서도 행동해야 할 책임을 지지 않으려 한다.

19장 다른 사람들을 어떻게 이해할 수 있을까?

친구네 집에 놀러 갔을 때, 그 집에서 지켜야 할 규칙이 평소 알던 것과 좀 다르다고 느낀 적이 있지 않니? 너는 보통 집에서 맨발로 있지만, 그곳에서는 실내화를 꼭 신어야 할 수도 있어. 종교 관련 시설을 방문해 보았다면, 어떤 옷차림이나 침묵 등 이미 그곳의 사람들이 모두 아는 규칙들이 있다는 걸 알게 될 거야.

사람들이 모여 있는 집단에서는 문서로 갖추지는 않았지만 지켜야 할 '사회적 규범'이 있어. 사회적 규범이 있기 때문에 사람들은 서로 연결되어 있다고 느끼고, 누군가가 그 집단 안에 속하는지 아닌지를 식별할 수 있어.

왜 무리를 짓게 되었을까?

하나의 집단은 사회적 규범 말고도 여러 종류의 지식을 공유해. 각 집단에서 저마다 다른 언어 습관과 의미를 공유하기 때문에 이 집단에서는 이런 뜻을 지닌 단어가 다른 집단에서는 그와 다른 뜻을 지닐 수 있어. 한 집단에서는 용납할 수 없는 행동이 다른 집단에서는 흔한 것일 수도 있지. 그래서 어떤 집단에 들어간 새로 사람은 신경 써야 할 게 많아. 이미 그 집단에 속한 사람들은 서로 예상하는 바가 있고 그렇게 하는 게 자연스럽고 당연하다고 여길 거야.

사회적 규범을 알면 삶이 단순해져. 다른 사람의 행동을 예측하고 이해하는 데 도움이 되기 때문이야. 경험과 지식을 공유하면 오해가 줄어들고 소통이 원활해지지. 기본적으로 누군가 그 집단에 속하는지를 식별하면 적은 양의 정보로도 그 사람이 위험이 될지 도움이 될지를 판단할 수 있어. 이는 고대 사람들에게 생존을 결정짓는 중요한 일이었어. 또한 집단 내 다른 사람들과 있으면 어떤 행동이 받아들여지고 어떤 행동이 비판받거나 거부당하는지도 알 수 있어.

이런 전략이 잘 통하는 상황도 있겠지만, 적은 정보만 가지고 사람들을 하나의 집단으로 묶는 경향은 그 집단에 속하는 사람들이 모두 같다고 여길 때 문제가 될 수 있어.

사회적 효율성의 대가

사람들을 어떤 집단으로 분류하는 일은 효율적이야. 하지만 거기에는 대가가 따라서 누가 어떤 집단에 속하는지 쉽게 알 수 있는 단서에만 의존하다 보면 그 집단에 속하는 사람들 사이의 차이점을 놓치게 돼. 그러니까 그 집단에 속하는 사람들이 실제로는 그렇지 않지만 모두 비슷하다고 생각하는 거야. 이걸 '고정관념'이라고 해. 고정관념은 우리가 무언가를 판단할 때 택하는 일종의 지름길이야. 하지만 그 길에는 오류가 가득해. 우리가 사람들을 분류하여 세상을 단순하게 바라볼 때, 그들을 지나치게 단순하게 바라보고 어떤 범주에 속하는 사람들이 행동에 대하여 제한된 생각을 하기 때문이야. 고정관념은 긍정적일 수도(예: 키 큰 사람은 농구를 잘한다.), 부정적일 수도 있어(예: 키 작은 사람은 농구를 못한다.).

이렇게 한번!

아래 목록을 보고 '남성을 위한 것'과 '여성을 위한 것'을 가려 보자.

드레스를 입다.　　　　　　청소를 하다.　　　　　　숙제를 깜빡 잊다.

야구를 하다.	크게 트림을 하다.	춤을 추다.
머리 손질에 시간을 들이다.	소방관이 되고 싶다.	드릴을 사용하다.
책을 읽다.	퍼즐을 풀다.	전동 기차를 좋아한다.

어떠니? 고정관념에 대해 배운 뒤에 생각이 좀 달라졌니?

이렇게 한번!

너의 외모나 신체적 특징을 두 가지 적고, 그 특징으로 인한 오해나 잘못된 추측을 떠올리고 적어 보자.

신체적 특징

	어려 보인다.	①	②
추측	아는 게 적다. 학년이 낮다.		

편견은 어디에서 올까?

고정관념이 부정적이면 편견으로 이어지기 쉬워. 편견은 누군가를 잘 알기도 전에 판단을 내리는 거야. 일반적으로 외모나 그 사람이 속한 집단을 근거로 가지는 부정적인 견해를 말해. 사람들이 그 집단에 대해 말한 내용을 듣거나, 그 집단의 사람들을 어떻게 대하는지 관찰하거나, 그 집단의 일부 사람들이 나쁜 행동을 하는 것(또는 좋은 행동을 하지 않는 것)을 볼 때 편견이 생길 수 있어. 예를 들어 '여자들은 잘 울고 예민해.'라는 말을 계속 듣거나, 과학을 좋아하는 여성이 거의 나오지 않는 책을 읽으면 여성은 이런 특징을 가지고 이렇게 행동해야 한다는 식의 편견이 생길 수 있어.

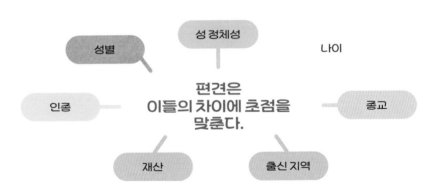

보고 싶은 것만 본다

우리가 이미 가진 생각을 뒷받침하는 것만 보고 믿으면서, 그 생각이 틀렸다는 신호는 무시하는 경향을 '확증 편향'이라고 해.

확증 편향은 다른 사람에 대한 부정확하고 부정적인 견해, 즉 편견이나 고정관념을 더 강하게 만들 수도 있어. 2001년, 미국에서 9.11 테러가 발생하고 그 공격이 이슬람 극단주의자들에 의한 것이라는 사실이 밝혀지자, 사람들은 모든 무슬림(이슬람 교리를 따르는 사람들)을 매우 두려워하기 시작했어. 다시 공격을 받을지도 모른다는 생각을 하거나 이슬람교에 대해서 잘 몰랐기 때문이야. 이슬람교 예배가 진행되는 모스크를 종교적인 공간이 아니라 테러리스트들이 몰래 만나는 장소로 여기는 사람들도 있었어. 죄 없는 많은 무슬림들이 의심의 눈초리를 받고 부당한 취급을 받아야 했지.

판단은 순식간에 이루어진다

사람들을 어떤 집단으로 분류하는 과정은 굉장히 빨리 일어나. 우리는 그런 게 일어나고 있는지조차 깨닫지 못해! 이러한 성급한 판단을 '암묵적(무의식적) 편견'이라고 해. 암묵적 편견은 다른 사람에 대한 부당한 대우로 이어질 수 있어. 그래서 나이가 많다는 이유로 채용을 거절하거나 여성 공직 후보자에게 더 비판적인 태도를 취하고, 유색 인종이 범죄를 많이 저지른다며 지나치게 감시하는 일이 생겨. 자신은 안 그런다고 생각하지만, 부정적인 연상이 너무 빨리 무의식적으로 생기기 때문에 차별로 이어지는 경우도 있어. 암묵적 편견을 고치기는 정말 어려워. 사람들은 자신이 편견을 갖고 있다는 사실을 깨닫지 못할뿐더러 자신이 그렇다고 인정하고 싶어 하지 않아. 하지만 세상을 더 나은 곳으로 만들려면 다른 사람에 대한 우리의 판단이나 추측을 세밀하게 살펴보고 잘못된 것을 발견하면 스스로 고치려고 노력해야 해.

모두가 나를 그렇게 생각한다면

고정관념은 사람들이 자기 자신을 어떻게 보느냐에도 영향을 미쳐. 자신에 대한 고정관념은 다른 사람들이 자신을 어떻게 대우하는지, 자신에 대해 어떻게 말하는지를 들었기 때문에 생기는 경우가 많아. 고정관념이 생기고 나면 그다음에는 거꾸로 그 고정관념에 맞게 행동하게 돼. 내가 속한 집단에 대해 다른 사람들이 어떤 생각, 즉 고정관념을 갖고 있다고 쳐 보자. 내가 그 고정관념에 맞게 행동하면 그들은 자신의 믿음이 맞았다고 생각할 거야. 하지만 어떤 집단에 대한 고정관념은 몇몇 사람에게는 진실일지 몰라도 모든 사람에게 정확히 들어맞지는 않아. 예를 들어 남자아이는 보통 여자아이보다 아기에 대한 관심이 적어. 하지만 그렇다고 해서 남자아이가 모두 아기와 노는 것을 좋아하지 않거나, 여자아이가 모두 아기와 노는 것을 좋아하는 것은 아니지. 그럼에도 주변 사람들은 남자아이에게는 '아기를 안아 볼래?'라고 말하지 않아. 그렇게 되면 남자아이는 아기와 놀아 달라는 부탁을 듣거나 아기와 함께 있는 순간을 어색하게 여길 거야. 이 모습을 본 사람들은 '거 봐. 남자아이들은 아기에게 관심이 없어.'라며 자신의 믿음을 확인하게 돼.

인종으로 분류하는 경우

어떤 편견과 고정관념은 두 집단 사이의 오랜 갈등에 근거를 두고 있어. 역사적인 사건이 원인이 되어 나라나 민족, 피부색이 다른 사람들에 대한 부정적인 견해를 형성한 경우야. 미국에서의 흑인에 대한 편견은 노예 제도에서 비롯되었어. 아프리카에서 납치된 흑인들은 '열등한 존재'라는 낙인이 찍혔어. 그들을 노예로 삼는 일을 정당화하려고 한 거야. 흑인들이 저항하거나 반격할 거라는 두려움 때문에 많은 백인이 노예가 된 흑인을 '위협적인 존재'로 보았어. 피부색이 다른 사람들과 노예에 대한 잘못된 견해는 오랜 시간 지속되다가, 노예 제도가 사라졌음에도 흑인에게 그대로 적용되었어. 오늘날 우리는 머리 색깔이나 피부색 같은 신체적 특성과 그 사람이 유능한지 아닌지, 부자인지 가난한지, 폭력적인지

평화적인지와는 아무런 관련이 없다는 걸 알고 있어. 하지만 오늘날에도 여전히 사람들의 말이나 여러 매체에서 전하는 내용이 잘못된 편견이나 고정관념을 퍼뜨릴 수 있어.

어쩌면 편견이나 고정관념이 다른 사람이나 다음 세대로 전달된다는 사실을 인식하지 못할지도 몰라. 흑인에 대해 계속 나쁘게 말하는 가정에서 자란 백인은 흑인에 대해 부정적인 견해를 갖기가 쉽지. 흑인에 대한 긍정적인 시각이나 견해를 접하지 못하면 편견이나 고정관념은 더욱 강해질 거야. 책이나 영화 등에서 유색 인종인 영웅이나 주인공이 거의 등장하지 않으면 우리 뇌는 자동적으로 영웅이나 주인공을 백인과 연결 짓게 돼.

이런 연구!

월터 길리엄은 유치원 선생님들에게 다양한 활동을 하는 아이들의 비디오를 보여 주었어. 그리고 잠재적으로 문제 행동을 할 수 있는 아이를 발견할 때마다 기록하라고 했지. 동시에 선생님들의 시선이 어디에 집중되어 있는지 추적하는 기계를 설치했어. 유치원 선생님들은 백인 아이들보다 흑인 아이들, 그중에서도 특히 남자아이들을 더 자주 오래 바라보았어. 흑인 남자아이들이 나쁜 행동을 더 많이 할 거라는 암묵적인 편견을 가지고 있었기 때문이야.

어떻게 이겨 낼 수 있을까?

고정관념, 편견, 암묵적 편견은 모두 불공평할 뿐 아니라 종종 파괴적이야. 이러한 태도가 경험으로 바뀔 수 있는지에 대한 연구가 많이 이루어졌는데, 그중 심리학자 토머스 페티그루는 60년에 걸쳐 500개 이상의 연구를 진행한 끝에 단순히 다른 집단의 사람들과 접촉하는 것만으로는 편견에 맞설 수 없다는 결론을 내렸어. 하지만 인종이 다르거나 다른 문화에 속하는 사람들과 우정을 나누었을 때 그들에 대한 편견과 적대감은 크게 줄어들 수 있어. 따라서 가장 중요한 것은 다른 집단의 사람들과 관계를 맺는 일일 거야. 편견과 부정적인 편견을 극복하려면 한 사람 한 사람을 보다 정확하게 볼 수 있는 방식으로 교류가 이루어져야 해.

√ 정리해 보자

√ 사회적 규범은 집단 구성원이 효율적으로 상호 작용하도록 돕는다.

√ 우리는 사회적 관계를 단순화하기 위해 우리 집단에 속하지 않는 사람들을 다른 집단으로 분류한 다음, 그 집단에 대해 단정하는 경향이 있다.

√ 우리는 이미 가지고 있던 생각과 일치하는 정보를 믿을 가능성이 크다.

√ 외모나 어느 집단인지에 따라 다른 사람을 자동으로 판단하는 일은 때로 너무 빨리 일어나서 스스로 인식하지 못한다.

√ 어떤 집단에 속하면서 그 집단이 가진 고정관념을 알게 되면, 그 고정관념에 맞추려고 한다.

√ 다양한 집단의 사람들과의 인간관계를 발전시키면 부정적인 고정관념과 편견을 줄일 수 있다.

인간은 원래 다투는 존재일까?

최근에 가족과 말다툼을 한 적이 있니? 누군가가 너를 괴롭히거나, 네가 누군가를 괴롭힌 적은? 어른들끼리 싸우는 소리를 언제 들어 보았니? 사람들이 평화롭게 잘 지내기를 누구나 바라겠지만, 갈등은 인류의 역사와 함께 시작되었어. 인간은 늘 다른 인간과 갈등을 겪어 왔어. 사람들이 서로 상처를 주는 이유가 무엇일까? 우리는 왜 다른 사람의 공격을 받는 사람을 도울까? 사람들 사이의 갈등을 줄이는 방법에 대해 심리학은 우리에게 무엇을 알려 줄 수 있을까?

집단끼리 충돌할 때

어떤 집단에 속할 때 그 사람의 행동과 생각은 이전과는 다르게 변해. 동일한 집단에 속한 사람들은 집단 내 사람들에게 더 공감하고, 외부 사람들에게는 그렇지 않은 경향이 있어. 집단들끼리 많이 다를수록 특히 자신을 외부 사람들과 다른 입장에 두어야 하기 때문에 외부 사람들을 부당하게, 심지어 공격적으로 대하기가 쉬워.

집단의 사회적 압력은 구성원들이 합의를 이루게 하는 측면이 있어. 하지만 사람들로 하여금 집단의 사회적 규범에 의문을 제기하지 않게 만들고, 외부 집단에 대해서는 더욱 극단적인 견해를 갖게 만들어. 이것을 '집단 사고'라고 해. 그대로 시간이 지나면 집단 사고가 외부인에 대한 왜곡된 시각이나 적대감, 공격성으로 이어질 수 있어.

집단 간의 긴장을 줄이는 법

엘리엇 애런슨은 함께 작업했을 때 서로 다른 인종 집단 사이에 더 나은

자신이 속한 집단의
사람들하고만
시간을 보낸다.

자신의 집단에 맞추려고
더 극단적인 생각과
행동을 한다.

'집단 사고'로
이어진다.

집단의 시각에 도전하기를
꺼리고, 그 시각이 무조건
옳다고 생각한다.

관계를 구축할 수 있는지를 연구했어. 1971년경 미국 텍사스의 학교에는
백인 학생과 유색 인종 학생이 섞여 있었어. 서로 다른 인종이나 문화 배
경을 가진 집단이 충돌하기 시작하자, 애런슨은 여러 인종이 섞여 있는
작은 규모의 팀을 만들고는 협력하여 과제를 수행하게 했어. 각 학생은
할당된 자료를 공부한 뒤에 팀의 다른 학생들에게 그 내용을 가르쳐야
할 책임이 있었어. 마지막에는 모두가 전체 자료에 대한 테스트를 받아
야 했지. 이 테스트를 잘 치르려면 팀의 모든 사람에게 의존해야 했어. 결
과는 희망적이었어. 실력이 부족한 학생들은 더 잘하는 학생들의 도움을
받아 중요한 정보를 익혔어. 보통의 교실에서보다 더 많이 배우고 성취
감도 더 많이 느꼈으며, 가장 좋은 건 다른 인종 집단에 대한 부정적인 견
해가 줄었다는 거야.

다른 사람에게 상처를 줄 때

초기 인류는 공격으로부터 자신을 보호해야 했어. 음식이나 땅을 확보하고 짝짓기 경쟁을 하면서 자신의 영역을 지킬 필요가 있었지. 인간의 공격성은 이로부터 진화한 것으로, 어느 정도는 우리 본성에 들어 있다고 봐야 해. 공격성을 신체적인 측면에서만 생각하기 쉽지만, 사회적 공격(예: 배제하거나 따돌린다.)과 언어적 공격(예: 욕하거나 험담한다,)도 큰 고통을 유발하기는 마찬가지야. 성희롱, 부적절한 성적 발언이나 신체적 접근도 매우 심각한 공격의 한 형태이며, 이런 일을 겪는다면 신뢰할 수 있는 어른에게 즉시 알려야 해.

지금은 대부분의 사람들이 더 이상 안전이나 필요한 것을 얻기 위해 공격성에 의존할 필요가 없어. 하지만 여전히 공격적 충동은 일어날 수 있어. 사람들은 부정적인 감정을 경험할 때, 특히 좌절감을 느낄 때 공격적으로 행동할 가능성이 높아. 다른 사람의 공격성을 목격한 결과로 공격성이 생길 수도 있어. 7장에서 본 것처럼 폭력에 자주 노출된 사람들은 그에 익숙해지고, 자신의 폭력적인 반응을 멈추려는 노력도 덜 하는 경향이 있어.

이런 연구!

크레이그 부쉬먼과 브래드 앤더슨은 2002년 연구에서 참가자들에게 20분 동안 폭력적이거나 비폭력적인 비디오 게임을 하게 한 다음, 갈등을 겪는 사람들에 대한 이야기를 읽어 주었어. 이야기 속 인물이 어떤 생각이나 감정을 가지고 행동할지 의견을 물어보았을 때 폭력적인 게임을 한 사람은 비폭력적인 게임을 한 사람보다 이야기 속 인물이 분노를 많이 느끼고 더 공격적으로 행동할 것이라고 생각했어. 이 실험을 통해 게임이 가진 공격성이 이후의 활동에도 영향을 미친다는 사실을 알 수 있어.

가해자의 공격성

괴롭힘은 다른 사람을 다치게 하려는 의도가 늘 존재하고, 다른 사람(피해자)에 대해 권력을 행사하는 어떤 사람이나 집단(가해자)이 있다는 점에서 다른 공격성과는 차이가 있어. 학교에서의 괴롭힘은 매우 흔하지만, 특히 어떤 아이들은 계속해서 괴롭힘의 피해자가 되고 그들의 삶은 엉망이 되고 말아. 괴롭힘은 성적에 영향을 미칠 뿐 아니라, 자기 비난('나는 당할 만해.')과 우울증으로 이어질 수 있어.

가해자를 불안정하고 외로우며 다른 사람에게 받아들여지기 위해 고군분투하고 있다고 보는 시각도 있어. 하지만 연구에 따르면 이는 사실이 아니야. 괴롭힘을 연구한 심리학자들은 가해자가 다른 사람들에게 '멋지다'고 여겨지며 친구도 많다는 사실을 발견했어. 불안정하지도 않을 뿐더러, 오히려 자신을 매우 긍정적으로 바라보기도 했어. 반면에 피해자는 또래보다 더 자신이 없고 불안하며 외로웠어.

처음에 괴롭힘은 몸집이 더 크고 강한 아이가 또래를 신체적으로 공격하는 경우가 많지만, 중학교, 고등학교로 올라가면서부터는 사회적 공격이 더 흔해져서 피해자를 따돌리거나 좋지 않은 소문을 퍼뜨리는 경우가 늘어나. 사이버 불링(온라인에서의 괴롭힘)은 이미 다른 방식으로 괴롭힘을 당한 피해자를 표적으로 삼는 경우가 많아. 사이버 불링은 소셜 미디어를 통해 쉽고 빠르게 확산되는데, 가해자는 어른의 감시를 피해 쉽게 자신을 숨길 수 있어. 피해자의 입장에서는 더욱 도움을 받기가 어려워지지.

보통은 가해자와 피해자에게만 초점을 맞추기 쉽지만, 이 밖에도 적지 않은 사람들이 갈등에 직간접적으로 관여해. 친구나 동료가 목격자나 방관자가 되는 일은 흔해. 일부는 괴롭힘에 가담하거나 부추기는 식으로 가해자를 돕고, 일부는 피해자를 돕는 일에 소극적인 자세를 취하지. 평균 4건 중 약 1건에서만 피해자를 도우려고 나선다고 해. 자신이 다음 희생자가 될까 봐 두려운 마음이 커서일 거야.

심리학자들은 학교에서의 괴롭힘을 막으려면 학생과 가정, 학교 문화에 모두 초점을 맞추어야 한다고 말해. 피해자에게 미치는 심각한 영향을 고려하여 회복할 수 있도록 돕는 일도 중요하지.

리더를 따른다

어떤 사람들은 다른 사람의 행동에 큰 영향을 미쳐. 심리학자들은 이러한 영향력을 '사회적 권력'이라고 부르는데, 이 힘의 한 원천은 다른 사람들에 대하여 권한을 가지는 '지위'야. 예를 들어 상사는 자신보다 낮은 위치의 직원에 대한 사회적 권력을 가지고 있어.

심리학자 스탠리 밀그램은 사람들이 권위자의 지시에 얼마나 기꺼이 순종하는지 알아보는 실험을 했어. 참가자들은 학습에 관한 연구에 참여할 거라고 알고 있었어. 몇몇이 '교사' 역할을 하고, 다른 방에 있는 몇몇은 '학습자'로 지정될 것이라고 했지. '교사'가 몰랐던 것은 '학습자'가 실제로는 그 방에 없었다는 거야. 미리 녹음된 소리가 학습자를 대신하여 '교사' 역할을 하는 사람과 소통하는 데 사용되었어.

녹음을 통하여 '학습자'가 주어진 과제에서 실수했음을 알게 되자, 실험을 진행하는 연구원들은 '교사'에게 미리 준비된 장치로 '학습자'에게 전기 충격을 가하라고 했어. 시간이 지나면서 학습자에게 가하는 전기 충격의 강도는 점점 더 세졌고, 녹음기에서는 학습자가 고통스러워하며 실험을 멈춰 달라고 애원하는 소리가 흘러나왔어. 학습자는 심장마비를 일으킬까 봐 두려워하더니 나중에는 결국 응답을 멈추었어. 이 실험에서 참가자의 절반 이상이 단순히 권위 있는 인물(연구원)이 지시했다는 이유로 낯선 사람에게 치명적인 전기 충격을 가했어.

이 실험은 다른 장소에서 여러 번 반복되었는데 매번 이와 같은(또는 더 나쁜) 결과로 이어졌어. 밀그램은 이 결과가 사람들이 가진 특성이 아니라 사회적 상황 때문이라고 설명했어. 다른 사람을 해치려는 의도를 권위자의 지시에 의한 것이라고 여겼지.

'학습자'가
'교사'의 눈에 보이게 한다.

'권위자'가 방을 나가고
전화로 지시한다.

이 실험에서 권위자에게 덜 복종하게 하려면……

'학습자'의 손에
충격 장치를 쥐게 해 달라고
'교사'가 요청한다.

누군가에게 충격을 가하는
과정을 거부할 수 있는
또 다른 '교사'가 존재한다.

도움을 주는 것도 인간이다

현실에서는 괴롭힘을 당하는 사람의 편에 서거나 도움이 필요한 사람을 돕는 경우도 존재해. 심리학자들은 어떤 상황일 때 사람들이 곤경에 처한 낯선 사람을 도울 가능성이 더 높거나 낮은지 연구했어.

한 가지 중요한 변수는 다른 사람들이 함께 있는지, 그리고 그들이 어떻게 반응하는지야. 주변에 도움을 주지 않는 사람이 많다면 돕지 않을 가능성이 커져. 또, 정말로 긴급 상황인지 확실하지 않아도 도울 가능성이 적어. 사실 이 두 가지 조건은 서로 연결되어 있는 것 같아. 상황이 불확실(모호)할 때는 어떻게 대응해야 할지 판단하려고 주변 사람들의 행동을 살펴보기 때문이야.

이런 연구!

심리학자 러셀 클라크과 래리 워드는 실험 참가자들이 대기하는 동안 사다리와 블라인드를 옮기는 사람의 모습을 목격하게 했어. 그 사람이 시야에서 사라졌을 때 쿵 하는 소리가 크게 났어. 주변에 다른 사람이 거의 없을 때 참가자들이 그 사람이 괜찮은지 확인할 가능성이 더 높았어. 또한 그 사람이 다쳤다고 소리치는 것을 들었을 때(상황이 모호하지 않을 때) 도움을 줄 가능성이 더 높았어.

이처럼 위급 상황이더라도 주변에 사람이 많으면 개인이 나서서 도울 가능성이 적어. 사실 누군가 도우려고 할 때는 자기 자신도 어느 정도 위험에 처할 수 있지. 하지만 그럼에도 결국 '누군가'는 도움을 준다고 해. 얼마나 위안이 되는지!

거리에서 사람들이 싸우는 모습을 포착한 카메라 영상을 살펴보았는데 약 90퍼센트 이상의 경우 다른 사람들을 돕기 위해 누군가 개입했다는 연구 결과도 있어.

√ 정리해 보자

√ 사람들은 자신과 같은 집단에 속한 사람들에게 더 공감하고 그들과 같은 견해를 공유하는 경향이 있다. 또한 집단 내에서 통용되는 일반적인 생각에는 쉽사리 도전하기가 어렵다는 것을 안다.

√ 목표를 달성하기 위해 여러 사람의 협력이 필요한 작업은 서로 다른 집단에 속해 있던 사람들 사이의 적대감을 줄이는 데 도움이 된다.

√ 많은 사람이 가해자가 불안감 때문에 그렇게 행동한다고 생각하지만, 그렇지 않다. 실제로 괴롭힘을 가하는 사람은 사회적 권력이 있는 위치에서 행동하며, 취약하다고 여기는 사람을 선택하는 경우가 더 많다.

√ 다른 사람들이 어떻게 반응하는지 볼 수 있을 때, 사람들을 해치라는 리더(권위자)의 요구를 덜 따른다.

√ 행동을 취하지 않는 사람이 주변에 있으면 곤경에 처한 사람을 잘 돕지 않는다. 하지만 누군가가 나설 가능성은 여전히 높다.

9부

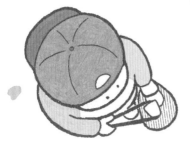

심리학이 지구를 구하는 데 도움이 될까?

　　심리학자들은 지구 환경이 우리 삶과 행동에 어떤 영향을 미치는지를 연구하고 있어. 또한 자연을 보존하기 위한 행동을 어떻게 북돋울 수 있을지도 연구하고 있지. 사람들이 환경을 돌보게 하려면 어떤 방법을 사용해야 할까? 쓰레기를 줄이고 재활용을 늘리려면 구체적으로 어떻게 해야 할까? 기후 변화를 막기 위하여 에너지 사용을 규제할 때 사람들은 어떤 영향을 받을까? 심리학이 환경에 어떤 도움을 줄 수 있을지 알아보자.

스트레스 받는 지구, 스트레스 받는 우리!

환경 오염으로 인한 문제는 다양한 방면에서 나날이 인류를 위협하고 있어. 오염된 물이나 벗겨진 페인트 조각 등에 들어 있는 납 성분은 어린아이들의 학습과 행동에 부정적인 영향을 미친다고 해. 기후 변화로 인한 극심한 기상 현상이나, 홍수와 가뭄으로 인한 농작물의 손실도 사람들에게 큰 피해와 스트레스를 주고 있지. 이 밖에도 동물을 마구 잡거나 삼림을 파괴하고 자원을 남용하면 생태계 전체의 균형이 무너져서 모두가 위험에 처하고 말아. 환경 문제는 어느 한 사람이나 나라의 노력으로 해결이 어려워. 많은 사람과 여러 단체가 함께 협력해야 해.

우리는 함께한다!

오늘날에는 자연재해의 직접적인 영향을 받지 않아도 뉴스를 통해 누구나 간접적으로 조금씩은 영향을 받게 돼. 재해의 피해나 미래에 대한 부정적인 예측을 들으면 걱정이 되면서 마음이 쉽게 불안해지는데, 이때 사람들이 느끼는 건 두려움만은 아니야. 더 나아가 자신이 아무것도 할 수 없는 나약하고 무력한 존재인 것처럼 느낄 수 있어. 이러한 무력감에 대처하려면 각자 할 수 있는 실천 방법을 찾고, 가능한 한 환경친화적인 선택을 하도록 노력해야 해.

이런 사실!

극단적인 기상 현상이 사람들에게 끼친 심리적인 영향은 시간이 지나면서 악화될 가능성이 있어. 허리케인 '카트리나'를 경험한 사람들 가운데 외상 후 스트레스 장애(PTSD)를 겪는 경우가 처음 몇 달 동안은 100명 중 약 15명이었지만, 1년 뒤에는 21명으로 늘었어. 어릴 때 파괴적인 허리케인으로 인하여 정서적 트라우마를 겪은 아이들은 남은 생애 내내 영향을 받아서 중독이나 우울증, 스트레스와 관련된 다양한 정신 건강 문제를 겪게 될 수 있다고 해.

변화는 사소하거나 간단할 수 있다

사람들은 가까운 환경에서, 즉각적인 결과로 이어지며, 쉽고 비용이 적게 들 때 친환경적인 행동을 할 가능성이 높아. 집 근처 작은 공원에 가서 쓰레기를 치우는 일은 크게 노력이 들지 않지만, 사람들이 공원에서 보내는 시간을 즐겁게 할 수 있어. 연구에 따르면 이처럼 부담스럽지 않은 노력을 들여 가까운 환경을 관리하게 했을 때 사람들의 행동에 변화가 생겼어.

재활용품 사이에 쓰레기를 넣으면 처리하기가 훨씬 더 어렵고 비용도 많이 들어. 반대로 재활용품을 쓰레기통에 버리면 전혀 재사용되지 않지. 두 경우 다 문제야. 숀 더피와 미셸 베르주는 쓰레기통 상단 디자인이 재활용품과 쓰레기를 분리하는 데 도움이 될지를 조사했어. '쓰레기', '종이', '유리', '플라스틱'이라는 라벨은 똑같이 붙이되, 통의 상단만 다르게 해서 사람들의 반응이 어떻게 다른지 비교했어. 안에 넣을 물건에 가장 잘 맞는 덮개를 씌웠을 때 재활용품의 분리 배출이 3분의 1 정도 늘었고, 물건을 잘못 넣는 일도 거의 사라졌어!

하나가 엉망이면

우리의 행동은 다른 사람들의 행동을 관찰하며 영향을 받아. 주변 환경을 잘 관리하기 위한 규칙이 한번 깨지면 규칙을 어긴 당사자뿐 아니라 다른 사람들도 그 규칙을 어기게 돼. 허가가 안 된 곳에 자전거가 주차되어 있으면 자신도 그 옆에 자전거를 주차하는 거야. 심리학자들은 이런 일이 환경에 대한 무관심으로 이어질 수 있다고 보았어. 사람들은 혼자가 아니라고 느낄 때 환경을 보호하려는 노력에 참여할 가능성이 높아져. 주변의 다른 사람들이 무엇을 하는지가 환경적으로 책임 있는 행동을 하느냐 안 하느냐의 차이를 만들 수 있어. 최근에는 어린이들 사이에서도 기후 변화에 대한 두려움을 흔히 볼 수 있는데, 이에 대처하려면 사람들과 '함께' 실질적인 행동을 해야 해.

나의 행동이 중요하다는 믿음!

단순히 사람들에게 기후 변화의 끔찍한 위험에 대해 경고하는 것만으로는 지구를 돕기 위한 행동을 이끌어 낼 수 없어. 오히려 겁을 주는 식의 전략이 역효과를 낼 수 있다는 증거도 있어! 사람들은 무서운 정보를 들었을 때 압도당하고 무력해져서 아예 아무것도 하지 않는 식으로 반응하기도 해. 반면에 자신의 행동이 어떻게 기후 변화를 막는 데 도움이 되는지를 알려 주면 오히려 긍정적인 방향으로 변화할 가능성이 높아.

나의 행동이 정말 변화를 가져올지를 확신하지 못하면 구체적인 지침을 실천하지 않으려고 할 거야. 하지만 어떤 행동의 효과가 늘 분명하지는 않지. 연구에 따르면 사람들은 대형 기계에 필요한 에너지를 과소평가하는 경향이 있어. 사람들은 컴퓨터 사용에 필요한 에너지는 비교적 정확하게 판단하지만, 에어컨을 가동하는 데 필요한 에너지의 양은 과소평가한다고 해. 그리고 사용량을 줄이는 것(조명 끄기 등)이 에너지 고효율 제품을 사용하는 것보다 더 많은 에너지를 절약한다고 생각하곤 하는데, 이는 사실이 아니야!

이런 연구!

심리학자 에리카 살로몬은 사람들을 두 집단으로 나눠서 서로 다른 메시지를 전했어. 첫 번째 집단은 사람들의 행동이 기후 변화를 막으려는 노력을 통하여 큰 변화가 생겼다는 말을 들었고, 두 번째 집단은 노력을 해도 사람들의 행동에 아무런 차이가 없을 거라는 말을 들었어. 그리고 나서 한

주가 지난 뒤에 참가자들에게 기후 관련 생활 습관(운전을 줄이거나, 건조기를 사용하지 않고 옷을 널어 말리거나, 물을 적게 사용하거나, 난방 설정 온도를 낮추는 등)에 대하여 물었어. 자신의 행동이 진정한 변화로 이어질 수 있다는 메시지를 받은 사람들은 다른 집단의 사람들보다 자신이 긍정적으로 바뀌었다고 말할 가능성이 더 컸어. 자신의 행동이 변화를 가져오지 않을 것이라는 말을 들은 사람들은 실제로 이전보다 더 많은 에너지를 썼다고 해!

이런 연구!

제시카 놀런은 사람들이 가정에서 에너지 사용을 줄이는 데 어떤 정보가 가장 효과적인지를 연구했어. 한 달 동안 매주 네 집단의 가정을 방문하여 문고리에 각각 다른 내용의 표지판을 걸었지. 그런 다음 각 가정에서 전기 에너지를 얼마나 사용하는지 살펴보았어.

- 환경을 위해 에너지를 절약해야 합니다.
- 미래의 세대를 위해 에너지를 절약해야 합니다.
- 에너지를 절약하면 돈을 절약할 수 있습니다.
- 우리 동네의 많은 사람이 매일 에너지 절약을 위해 노력하고 있습니다.

마지막 메시지만이 에너지 사용량을 줄이는 효과가 있었어! 사람들이 다른 나머지 이유들 또한 중요하다고 생각했음에도 말이야.

함께하는 사람이 중요하다

에너지를 절약하도록 사람들을 설득하는 가장 좋은 방법은 왜 그래야 하는지를 알려 주는 게 아니야. 환경과 관련된 행동도 다른 사람들의 행동에 크게 영향을 받아. 앞에서도 나온 심리학자 로버트 치알디니는 사회적 영향에 대해 많은 연구를 했어. 그는 우리가 다른 사람들의 행동에 대하여 알 때 긍정적인 영향과 부정적인 영향을 모두 받는다는 사실을 발견했어.

예를 들어 '대부분의 사람들이 쓰레기를 버리지 않는다.'는 메시지는 쓰레기를 버리려는 사람들을 설득할 수 있어. 하지만 '많은 사람이 쓰레기를 버려서 큰 문제가 되고 있으니 그만 버려야 한다.'는 메시지는 오히려 역효과를 낳을 수도 있어. 사람들은 주변 사람들이 하는 행동을 사회적 규범으로 여기고 자신도 그렇게 하는 경향이 있기 때문이야.

✓ 정리해 보자

- ✓ 환경 오염은 건강 문제를 유발하고 두뇌 발달을 방해하여 학습이나 행동 문제로 이어질 수 있다.
- ✓ 허리케인이나 홍수 같은 극심한 기상 현상은 사람들에게 큰 충격을 주고 오랫동안 지속되는 정서적 문제를 초래할 수 있다.
- ✓ 다른 사람이 어떤 규칙을 어겼다는 증거를 보면 자신도 규칙을 위반하게 된다.
- ✓ 기후 변화의 영향을 직접 경험하지 않아도 걱정이 불안으로 이어질 수 있다.
- ✓ 자신의 노력이 긍정적인 영향을 미친다는 말을 들었을 때, 환경에 관하여 책임 있는 행동을 할 가능성이 크다.
- ✓ 자신이 속한 집단이나 거주 지역에 있는 다른 사람들이 환경 보호를 위해 함께하고 있다는 사실을 알았을 때, 환경에 관하여 책임 있는 행동을 할 가능성이 크다.

부록: 용어 설명

가설: 질문의 답에 대한 과학자의 근거 있는 추측.

가용성 휴리스틱: 머릿속에 떠오르는 즉각적인 예에 의존하는 생각의 지름길.

감각: 시각, 청각, 촉각, 미각, 후각 등. 감각 기관을 통해 수집된 정보는 뇌로 전송된다.

결정 지능: 성장하면서 학습을 통하여 얻은 지식이나 기술 등.

고전적 조건화(조건 형성): 자연적이고 자동적인 반응을 보이는 자극을 또 다른 자극과 짝지어 두 번째 자극이 자동적 반응을 촉발할 때까지 반복하는 것.

고정관념: 어떤 집단의 선호도, 신념, 행동에 대한 단순하고 일반화된 생각들.

고정된 사고방식: 자신의 능력이 변하지 않는다는 믿음.

공감각: 하나의 감각이 다른 감각을 촉발하는 일. 또는 그러한 감각. 예를 들어 소리를 들으며 색상을 보는 일.

과학적 방법: 가설을 세우고 테스트하고 필요에 따라 수정하는 등 체계적으로 관찰하고 측정하며 실험하는 탐구 방식.

괴롭힘: 다른 사람에게 일부러 해를 입히는 행위로, 가해자와 피해자 사이의 힘의 불균형과 관련이 있다.

기질: 유아기부터 나타나는 기분과 행동의 일관된 개인차.

낙관주의: 미래에 좋은 일이 일어날 것이라고 기대하는 경향.

낙인(오명): 특정 특성이나 상황, 사람과 관련된 부정적인 평판이나 꼬리표. 종종 수치심을 유발한다.

내적 동기: 개인의 정신이나 마음의 작용에서 나오는 어떤 일을 하려는 충동.

뇌간(뇌줄기): 척수와 대뇌 사이 줄기처럼 연결된 뇌의 부분. 생명에 필요한 많은 자동 기능을 수행하는 토대이다.

뇌진탕: 머리에 타격을 받아 발생하는 가벼운 머리 외상.

뇌하수체: 시상하부 가까이에 있으며 호르몬을 분비하는 내분비샘.

뉴런(신경 세포): 신경계를 구성하는 세포로 전기적, 화학적 신호를 전달한다.

다중 지능: 지능의 개념을 넓혀 더 많은 기능 영역을 포함하는 여러 능력들.

단기 기억: 1분 미만 동안 저장되는 정보.

대뇌 피질: 뇌의 대부분을 차지하는 넓고 복잡한 바깥 부분.

대상 영속성: 대상의 모습이 가려져 있어도 여전히 존재한다는 사실을 아는 것.

데이터: 이론을 세우기 위한 가설이 올바른지 아닌지에 대한 증거 자료.

동기 확산(전염): 동기가 강한 다른 사람을 관찰하여 내적 동기가 증가하는 것.

두정엽(마루엽): 후두엽 위쪽에 위치한 감각과 공간 인식을 다루는 뇌의 한 부분.

또래 압력: 무리에 순응하려는 다른 사람들의 영향. 이로 인해 행동, 가치, 신념이 변하기도 한다.

렘(REM): 꿈을 꾸는 수면 단계. 눈알이 여러 방향으로 빠르게 움직이기 때문에 '급속 안구 운동(Rapid Eye Movement)'이라고 한다. 꿈을 꾸지 않는 1~3단계는 일반적으로 비렘수면이다.

마음: 사람들이 볼 수 없는 감정, 지각, 생각, 기억 및 기타 행동을 말한다.

마음 챙김: 인식하고 받아들이며 현재 순간에 머무는 일.

모델링: 다른 사람을 관찰하고 그들의 행동을 모방하여 학습하는 일.

미러링(거울, 동조) 효과: 다른 사람의 표정을 자동적으로 만들어 내는 일. 자신이나 상대방이 인식하지 못하는 사이에도 생길 수 있다.

바넘 효과: 모호한 예측이나 성격에 대한 일반적인 설명을 믿는 경향.

반구: 구 모양의 물체를 두 부분으로 나눈 것. 뇌에는 2개의 반구가 있다.

방관자 효과: 주변 사람들이 무시할 경우 긴급 상황에 대응하지 못하는 경향.

변연계: 감정을 담당하며 편도체를 포함하는 뇌 구조 집단.

변화맹: 관찰자가 시각적 정보나 장면의 변화를 알아차리지 못하는 경향.

분리 불안: 애착 대상과 떨어져 있을 때 느끼는 불안.

불안 장애: 일상생활에 지장을 줄 정도로 걱정이나 두려움이 강하게 나타나는 것.

비관주의: 미래에 대해 부정적인 기대를 하는 경향.

비언어적 단서: 언어를 포함하지 않고 감정을 나타내는 것. 표정, 자세, 시선, 보디랭귀지 등이 속한다.

사이버 불링: 온라인상의 괴롭힘. 피해자에게 직접 전달되는 비판이나, 다른 사람들에게 피해자에 대한 비판을 간접적으로 전달하는 행위를 포함한다.

사회적 공격성: 다른 사람을 험담하거나 그 사람의 사회적 관계나 소속에 해를 가하는 행동을 하려는 것.

사회적 권력(힘): 다른 사람들을 순응하게 만드는 능력.

사회적 규범: 개인이 특정 집단에서 지킬 것으로 기대되는 행동.

상관관계: 한쪽이 변하면 다른 한쪽도 함께 변하지만, 어느 하나가 다른 것의 원인이 되는지 또는 둘 다 다른 원인에 의해 변하는지는 명확하지 않은 관계.

상호 결정론: 사람이 환경에 영향을 미치고 또 환경에 의해 영향을 받는다는 생각.

생물학적 욕구: 배고픔, 갈증처럼 생물학적 생존에 필요한 것을 추구하는 일.

섭식 장애: 여러 심리적 문제로 인하여 너무 많이 또는 너무 적게 먹는 것.

성격 특질: 다양한 상황과 기간에 걸쳐 나타나는 개인의 일관된 행동 패턴과 사고방식 및 감정.

성장형 사고방식: 자신이 배우거나 능력을 향상시킬 수 있다는 믿음.

성 정체성: 자신이 남성인지 여성인지 또는 두 성별의 측면을 모두 가졌는지에 대한 개인의 느낌. 성 정체성은 자신이 다른 사람에게 어떻게 보이는지와 같을 수도 있고 다를 수도 있다.

성취동기: 능력을 개발하고 어떤 일을 이루겠다는 내적 의욕.

소뇌: 대뇌 피질로 덮인 뇌의 한 부분으로, 몸의 균형을 잡고 바로 서거나 조화롭게 움직일 수 있게 한다.

스트레스: 사건이나 상황으로 인해 압도당하거나 대처할 수 없는 느낌.

스트룹 효과: 간섭하는 정보가 일치하지 않을 때 친숙한 정보를 처리하는 능력이 느려지는 것.

시상하부: 뇌하수체와 소통하는 변연계의 일부.

신경가소성: 새로운 뇌 경로를 만드는 뇌의 능력.

실험: 발견을 하거나 가설을 테스트하기 위해 행해지는 과학적 절차.

실험 집단: 연구 대상인 사람(또는 동물). 심리학자들은 다양한 참여자를 실험 집단에 포함하려고 노력한다.

심리적 동기: 행복과 좋은 기분 및 감정을 얻으려는 동기.

심리학: 행동과 마음의 과학.

암묵적(무의식적) 편견: 어떤 집단에 속한다는 이유로 다른 사람에 대하여 가지는 자동적이고 의도하지 않은 반응으로, 인식하지 못하는 사이에 그 사람을 부당하게 대하는 경우도 많다.

애착: 아이와 보호자 사이의 깊은 정서적 유대감. 안정형 애착, 회피형 애착, 저항형 애착 등이 있다.

언어적 공격성: 다른 사람에게 해를 입히기 위해 별명을 부르거나 고함을 지르거나 모욕하는 행위를 하려는 것.

옥시토신: 뇌하수체에서 분비되는 자궁 수축 호르몬.

외상 후 스트레스 장애(PTSD): 충격적인 사건을 경험하거나 목격한 뒤 지속되는 스트레스와 불안감.

외적 동기: 다른 사람으로부터 보상이나 칭찬을 받거나 벌을 받고 싶지 않은 데서 오는 어떤 일을 하려는 충동.

우울증: 우울하거나 슬픈 상태가 너무 오래 지속되어 일상생활에 지장을 주는 심리 상태.

운동 피질: 수의적(자발적) 움직임을 제어하는 뇌의 부분.

유동 지능: 논리적 문제 해결과 추론.

윤리적 실험: 실험 참가자를 존중하고 보호하려는 실험.

응용 심리학: 문제를 해결하고 사람들을 돕기 위해 연구 결과를 사용하는 심리학 분야.

응용 행동 분석(ABA): 발달 장애 아동의 언어와 의사소통, 기타 발달 영역에 도움이 되는 증거 기반 치료 요법.

이미지 트레이닝(이미지 연상 치료): 악몽의 새로운 결말을 만들고, 낮에 편안한 상태에서 그 결말을 구체적으로 떠올리는 방법.

24시간 주기(일주) 리듬: 하루를 기준으로 하는 수면과 각성 주기.

인지 부조화: 행동과 충돌하는 생각이나 신념을 갖는 것.

인지 심리학: 사고, 기억, 지각, 학습 및 기타 뇌 기능을 연구하는 심리학 분야.

인지 행동 이론: 생각, 감정, 행동이 서로 연결되어 영향을 미친다는 생각.

인지 행동 치료: 비현실적인 생각이 힘든 감정과 문제 행동으로 이어지는 방식에 초점을 맞춘 증거 기반의 정신 건강 치료 요법.

자기 동기 부여: 스스로 자신의 목표나 의도를 추구하는 것.

자동적(무의식적) 과정: 많은 노력이나 주의 없이 이루어지는 생각과 행동.

자폐 스펙트럼 장애: 선천적으로 관계를 발전시키기 어렵고, 감정을 이해하기 힘들어하며, 번갈아 말하거나 다른 사람의 말을 듣는 데 문제가 있고, 변화에 적응하기 어려우며, 협소한 관심사에 집착하는 등의 특징을 보이는 발달 장애.

작업 기억: 정보를 짧은 시간 동안 머릿속에 받아들이고 저장하고 인출하는 등 처리하는 정신 기능.

장기 기억: 장기간, 심지어 수년 동안 저장되는 정보.

전두엽: 사고, 주의력, 문제 해결, 계획 및 판단을 담당하는 뇌의 부분.

전의식 정보: 지금은 의식되지 않지만, 생각해 내려고 하면 가져올 수 있는 정신 속 정보.

젠더(gender, 사회적 성): 남성과 여성이 수행해야 하는 역할과 보여야 하는 행동에 대한 사회의 해석.

조작적 조건화(조건 형성): 행동의 결과로 일어나는 일을 바탕으로 하는 학습 유형. 어떤 행동이 보상을 받으면 반복될 가능성이 높다.

종단 연구: 시간을 두고 반복해서 측정하거나 관찰하는 연구.

주의력 결핍 과잉 행동 장애(ADHD): 주의 집중이 어렵고 충동적으로 행동하는 정신과적 장애.

증거 기반: 치료의 효과를 보여 주기 위해

여러 연구자가 신중하게 수행한 다양한 연구가 뒷받침되는 경우를 말한다.

지각: 뇌가 감각을 통해 수집한 정보를 해석하는 것.

지능: 경험을 통해 배우고, 자신의 사고 과정을 이해하고 통제하며, 주변 환경에 적응하는 능력.

천성 대 양육: 행동이나 정신적 경험이 생물학적 결과인지, 학습에 의한 것인지 또는 둘 다의 결과인지에 관한 문제.

청킹: 기억하기 쉽도록 정보를 덩어리로 묶는 것.

초두 효과: 처음에 제시된 사실이나 인상, 항목이 나중에 제시된 자료보다 더 잘 학습되거나 기억되는 경향. 첫인상은 우리가 그에 대하여 갖는 의견에 강한 영향을 미치곤 한다.

측두엽: 언어, 청각, 기억 및 감정에 중요한 뇌의 한 부분.

친애동기: 다른 사람과 관계를 맺고 함께하려는 사회적 동기.

친환경적(환경친화적): 자연환경을 오염하지 않고 깨끗하게 유지하려는.

코르티솔: 스트레스에 반응하여 콩팥의 부신 피질에서 나오는 호르몬.

통제 집단: 실험 집단과 유사하지만, 실험적 조작에 노출되지 않은 사람 또는 동물.

통제적 과정: 주의와 노력이 필요한 단계별 생각과 행동.

투쟁-도피 반응: 공격(싸움) 또는 도망(도주)하여 위험에 대처하려는 우리 몸의 반응.

편견: 외모나 집단을 기준으로 한 사람 또는 사람들에 대하여 내리는 판단. 대체로 부정적이다.

편도체: 뇌의 변연계에 위치한 부분으로 두려움, 분노, 사회적 상호 작용 등에 관여한다.

프라이밍(점화): 전의식 정보를 인식하게끔 돕는 정보에 대한 노출.

학습된 무기력: 자신이 환경을 거의, 또는 전혀 통제할 수 없다는 일반적인 믿음.

행동: 사람(또는 동물)이 행하는 움직임이나 일. 다른 사람이 볼 수 있다.

호르몬: 혈류를 통해 이동하는 화학적 메신저.

환경: 생물에게 영향을 주는 자연적 조건이나 사회적 상황.

확증 편향: 이미 가진 생각을 뒷받침하는 정보를 찾고 믿으려는 심리적 경향.

후두엽: 뒤통수 아래쪽에 위치한 시각을 담당하는 뇌의 한 부분.

회복 탄력성: 어려운 삶의 경험에 직면하여 잘 적응하는 능력.

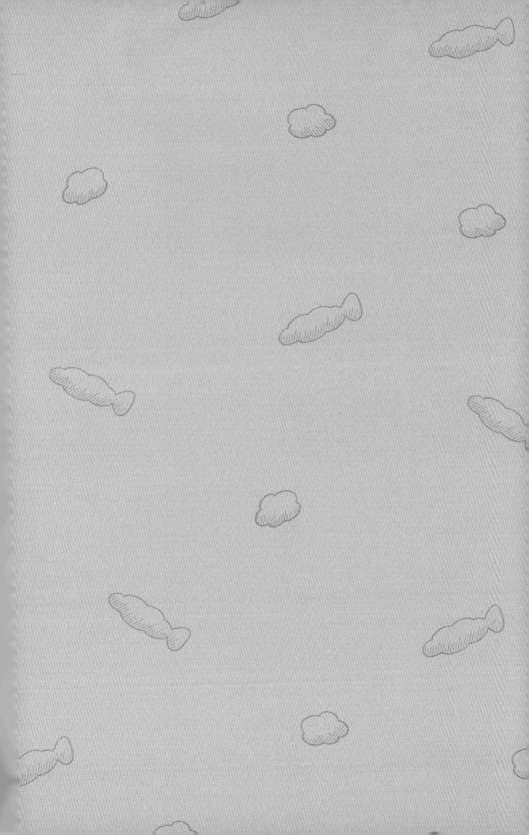

함께하는 삶, 따뜻한 지혜
잇츠북 출판사의 인문 Pick! 시리즈
- - - - - - - - - - - - - - - - - - - -